西洋占星研究家、英國IFA認證芳療師
登石麻恭子 Akiko Toishi ——著

新 手 指 南

從星盤深度解讀你的一生，
搭配精油芳療恢復身心健康，
突破人生困境！

前言 FOREWORD

植物與人與自然週期

人與植物，皆是在太陽、月亮及其它行星所交織而成的自然週期下滋長、生活的。其中有像是晝夜變化或月的圓缺這種容易識別的週期，也有像是季節變化這種因為長時間的變化而給人類或動植物等地球上所有生物帶來影響的週期。

而西洋占星術就是反映出各個星體的動向，並從長遠的歷史中匯整了相關原理或作用而發展下來的一門學問。就自然週期而言，除了有像是地球自轉一樣的短週期，也有時間非常長的週期，也許可以說是一種將觀察整體事物流向及影響力的技法與技術集大成的學問。

古代的人們也是從這些自然界的大週期與環繞在人類和植物生命的各種小週期中發現共鳴與體會，並將之當作知識逐漸流傳下來。

但是，我們現在的生活與自然週期正在逐漸地拉開距離。比方說商店理所當然出現非當季的食材、深夜的商場燈火通明供人徹夜玩耍……等，這種情況居然都已經不足為奇了。現在想要過上日出而作、日落而息的生活，反而才是困難的吧。

在這種狀況下，也許我們可以將學習占星術、運用精油及藥草的植物療法，當作是在整合自身及周遭大大小小的週期。然後再通過解讀行星動向的週期、運用這些流程並結合植物的力量，也許就能重新喚醒我們身上不知不覺間沉睡的自然週期。

在本書中，我們將以植物療法、特別是以精油為中心進行探討，再通過西洋占星術告訴讀者該如何運用它們。同時也會圍繞著西洋占星術中所使用的行星與星座，介紹各個對應的身體部位與相關的精油，通過這些精油的解說，也許可以幫助大家找到療癒自己身心的方法。此外，本書也將通過西洋占星術來解讀各種身心狀態，提出可以使用的精油及配方來解決問題。如果能藉此讓大家好好了解自己身心的整體狀態，同時也加深對療癒手法的興趣，那將是我最大的榮幸。

我期望每個人都能像這樣意識到大自然中有各種週期的存在，並且在享受精油與西洋占星術豐富的世界後，真實感受到自己與自然週期之間的和諧。

目次 CONTENTS

PART 03 行星是什麼

PART 04 星座是什麼

PART 05　什麼是宮位？

PART 06　從星盤診斷來進行「療癒」

PART

1

「醫療占星術」
的發展與轉變

占星術與
醫療的歷史

（1）古代的占星術與人們的生活

說到西洋占星術，也許大部分的人想到的都是雜誌上的星座占卜。

其實西洋占星術源自於西元前，是人類為了生存所塑造出來的一種技術。最古老的占星術，據說是來自於四大文明之一的美索不達米亞文明。

根據紀錄顯示，大約在美索不達米亞初期也就是西元前三千年前左右，住在這個地區的蘇美人就已經會觀測星星的位置，並預測洪水或氣候的變化了。

到了西元前兩千年左右的古巴比倫王朝，更是統整出一套稱作占星術的觀星技術。在後來的歷史以及聖經中，都將巴比倫人稱作為迦勒底人（Chaldeans），在這裡的迦勒底人也被用來指精通占星術的人。

古代的人們花費了很長的時間觀察星星的動向，然後從星星與地面上發生的大小事件中發現規則性，像是星星與季節氣候、星星與河川的漲潮氾濫或乾旱等之間的關聯性。他們觀測星星的動向並做出預測，像是什麼時候該播種、什麼時候該收成，又或者什麼時候可能會發生危機、災害等，他們利用這些技術來讓生活過得更好。

但在古代美索不達米亞，他們認為神就住在太陽、月亮、金星與火星等星體上。所以，對他們而言，觀星與其說是為了讓生活變得更好，更多的還是因為他們在這些星體的動向中，感受到了支配著大自然的那股無形且偉大的力量。但是，崇拜的同時也懷抱著恐懼，所以他們才會為了作物豐收，或為了惡劣天氣或瘟疫發生時不造成過大的災害而向神靈祈禱、獻上祭品以討神靈開心。

（2）疾病與星星的關聯性

對於古代的人們而言，疾病也是一個無法閃避的問題。古美索不達米亞人他們信奉疾病是因惡靈而起。因此，他們生病時會向月神辛（Sin）或太陽神沙瑪什（Shamash）祈禱，並在神壇上焚上杜松或絲柏的香敬獻給神靈，以此將病人身上的惡靈驅逐出去，又或者在採藥草時一邊唸咒祈求神靈賜與力量，一邊摘採藥草當作治療藥給病人服用。

此時還不單單只依靠祈禱，他們還會觀察月相（月的盈虧圓缺）以及星星的運行，找出治癒疾病最好的時機點，然後在這些時機點祈禱、採藥草、給予病人服用。

即使到了現代，月相也被認為與日常的身體狀態、月經週期以及人的情緒變化息息相關，還有在太陽運轉下形成的氣候變化、晝夜長短明暗變化都會影響身體狀況。對於這些星星與身體的關係，我想古人還是比現代人更加有實際感受並且更加看重的，所以他們才會向月神或太陽神祈禱，祈求祂們幫助治癒疾病。

時代再走近一點，到了古希臘時代，隨著占星體系逐漸成熟，醫療占星術也開始被歸納為一種占星技法。醫療占星術是一種從星星的所在位置判定病因、病程、持續時間、能否迅速治癒及判斷治療用藥的一門體系。

這樣的技法一直被利用到中世紀時期，據說中世紀的醫療大學甚至還將占星術列入必修科目。那是一種稱作「疾運盤（The Decumbiture Chart）」的占星手法，也就是將生病臥床的起始點或就診那一瞬間星空的配置繪製成星盤，再從中判斷病情的發展趨勢，分析可使用的治療方法，藉此來幫助疾病的治療。在解讀疾運盤時，還必須考慮到根據出生時的星空配置繪製而成的星盤，也就是「本命盤」所顯現出來的先天體質或健康傾向等因素，到了決定治療的時機點，還要考慮月亮的動向以及盈虧圓缺等問題。

一直到現在，都有人說滿月或新月時會有比較多的新生兒誕生（事實上是沒有關係的），也有滿月時容易大出血，所以最好避免在這個時間點動手術等各種傳言，我想這也許可以說是一種時代的遺留產物。

由於當時治療的藥物全都是植物和礦物等天然物質，因此當時的人們也開始著手研究這些可用於治療的天然物質與行星、星座之間的關係，並將它們匯集成書。從一些古老的文件，例如追溯至西元前三世紀左右著成的《赫密士文集》（又稱《秘文集》，由哲學、宗教思想、科學思想編纂而成的神秘文獻集）中，也載明了星座與植物間的關係。在《赫密士文集》當中，也匯集了一些有關星座與植物關係的資料。

後來，這些植物與行星、星座間的關係才開始依據各種傳說、功效、對應部位或採集季節等，逐漸形成一套系統。

（3）占星術與醫療發展的轉捩點

然而，在十六世紀前還與醫療緊密相關的占星術，在進入十七世紀以後，兩者間的關係卻又開始變得薄弱了。據說這是因為占星術即使被列入了醫療大學的必修科目，但是它的技術太過艱深，能夠靈活運用的人已經很少，有教學資格的人更是所剩無幾，這才使得占星術逐漸淡出醫療的範

疇。

　　再加上西洋占星術逐漸被視為一種毫無根據又可疑的領域，大概也是原因之一。

　　醫學方面，從古代到中世紀的醫學理論都是圍繞著古希臘的蓋倫（Galen）所提倡的「四體液學說」而建立的。所謂的四體液學說，說的是人的身體中有四種體液（血液、黏液、黃膽汁、黑膽汁），這四種體液在體內取得一定平衡即能保持身體健康，一旦失去平衡就會生病。

　　在這個理論中，認為血液會在身體末梢消耗掉。但在醫師威廉‧哈維（William Harvey，1578～1657）發表的「血液循環學說」中，強烈地否定了這個理論。在四體液學說中認為血液會在身體末梢消耗掉。但血液循環學說卻認為，血液是從心臟出來經由動脈流至身體各個內臟及其它身體部位，再通過靜脈回流至心臟，這個論點後來也經過實驗證實。所以，圍繞四體液學說而生的醫學理論才會因此逐漸失去信賴。

　　另一方面，也是因為以實驗與檢證為基礎的近代醫學，開始往現代醫學轉換路線了。再加上四體液學說的四種體液與西洋占星術中涉及的四大元素（火、土、風、水）關係太過密切，因此醫療占星術才會隨著蓋倫醫學逐步衰退。

　　但是，差不多就在這個時期裡，有一名植物療法學家尼可拉斯‧卡爾培柏（Nicholas Culpeper，1616～1654），他將原本以拉丁文書寫而成的《英國藥典》（*British Pharmacopoeia*；集錄了英國內科醫師使用的藥草效能及使用方法的書籍）翻譯為大眾易讀的英語，並開始向大眾販售。

　　此書後來經過修正，以《英國內科醫師（*The English Physician*）》的名義重新出版。接下來又以修訂版《藥草大全（*The Complete Herbal*）》再次出版。厭惡權威的尼可拉斯，對於醫師獨占醫療及藥草的知識，並向民眾收取不當的高額治療費非常的反感。

也就是說，他想讓窮人通過閱讀這本書，學習利用身邊就有的野草（藥草）自己治療疾病。順帶一提的是，這本書後來非常暢銷到市面上還出現了盜版書，而且即使到了現在也仍然能取得實書閱讀。

　　不過，尼可拉斯擁有占星術的知識，所以他也利用占星術為人們開立藥草的處方。因為書上還追記了各種與藥草有關的行星與星座，所以這本書也不單只是翻譯給內科醫師看的。

　　一開始的版本，其實連星盤的解讀方法、占星術上的藥草處方調配法都有記載，這是為了讓一般人都能利用占星術，選擇最適合的藥草來治療自己的關係。

　　但在大眾眼裡，這些方法實在是太可疑了，所以後來的版本只好將解說占星術的部分刪掉。然而每一種藥草與行星、星座之間的關係，都與藥草的作用密不可分，刪也刪不了，所以最終才得以保留了下來。雖說想了解藥草與行星、星座間的關係，還是可以在很多的專業占星書中找到，但這本書能讓一般大眾都了解這些知識，貢獻還是非常大的。

精油占星術
的背景

（1）採集植物的時機點

從古美索不達米亞人會根據星星的運行，找出適當的時機點採集植物，便可知道占星術有多重要。

雖說乍看之下很像一種巫術，但即使在現代，也有採集蔬菜、藥草要在太陽升起前或在清晨完成的慣例。

植物在白天會行光合作用，葉子吸收空氣中的二氧化碳，再分解成氧氣、葡萄糖、澱粉等物質釋放出來。日落後到了晚上，光合作用停止，植物的細胞開始進行二次代謝，分解出可促進植物成長，以及能夠給予果實營養的物質。

從季節性來看也是，植物的生長階段包括結果實的季節、枝葉快速成長的季節等，如果考慮到植物中的藥效成分及需要的部位，那麼的確就不能不考量採集的季節。季節上的要素還與太陽繞行軌道，也就是黃道上的各個星座有關（後述），所以在與星座的關聯上，季節也是很重要的一個要素。

而藥草，主要是利用它們內含的物質成分所具備的功效，所以在採集

時就必須考慮到最有效的成分在植物體中最充沛的時期。植物中有一些藥效成分還帶有揮發性，所以才必須在太陽升起前採集，以避免這些成分被太陽曬得蒸發殆盡。

　　順帶一提的是，在古代到中世紀期間，人們一直認為植物的藥效是上天惠賜的「美德」。相對於現代在標示藥效時，會採用「藥效為○○」的標示方法，在古代則會把○○寫成 Virtures（美德）。

　　植物最佳的採集時機點，是以掌管一天二十四小時各個時段的七大行星（月亮、水星、金星、太陽、火星、木星、土星）而定。每到一個特定的時段，掌管該時段的行星能量便會增強，在這個時段採集到的植物所含有的美德（藥效）也會變得更強。

　　中世紀時，有一位擁有醫師、鍊金術士、占星術師等多重身分的帕拉塞爾蘇斯（Paracelsus；1493～1541），他在行星與植物的關係上，認為每一種植物與特定的行星之間有強烈的連結。他主張說行星的能量會傾注在植物上，當植物被收割、採集時，能量就會照拂到採集人的身上，因此可以運用在治療上。他更進一步地說明，在行星能量最強的時機點採集植物才是最重要的關鍵。

　　一個題外話，上述講到在特定的時段行星的能量會增強，其實是來自於古典占星術的其中一種技法，也就是「行星時」（Planetary Hour）。每週六（土星日）日出的第一個小時開始為「月亮時」，接著每一個小時分別輪替為土星時、木星時、火星時、太陽時、金星時、水星時，然後再回到月亮時，行星的順序是依照週期的轉速而定。然後隔天清晨的相同時間輪到太陽時，接著再隔一天相同時間是月亮時、再隔一天變成火星時……，最後形成月、火、水、木、金、土、日（太陽），也就是日本曜日的順序。其實日本以曜日代表星期，原本就是由占星術中的行星命名而來的。

（2）芳香療法與近代的占星術

　　芳香療法中使用的精油（Essential oil），原本就被當作香水或香料的原料使用，自古以來除了拿來當製作香水、香油用的原料之外，也被用於疾病的治療。而且精油在植物療法上也是一種處方，所以這些與行星、星座有關的植物所帶來的能量，都能直接套用在精油上。

　　只是，西洋占星術在近代，才開始變得比較側重在心理學及心靈成長等課題上。不然在這之前，解讀星座通常都只有熱情冷淡、主動被動等表面明顯的特質。

　　一直到二十世紀初，有一位名為艾倫‧里奧（Alan Leo）的占星學家，為占星學增加了有關心理及精神層面的解讀。據說他是因為受到了神秘學家布拉瓦茨基夫人（Madame Blavatsky）所提倡的神智學的影響，才開始將占星學的運用側重在心靈成長上，也就是將行星及星座的解釋，轉化為人類的心靈精神層面，或是心理、內在所表現出來的性格。

　　除此之外，艾倫‧里奧還相當有商業頭腦，他將占星術改寫成一般人比較好理解的星座占卜，用比較商業化、一般人也比較好運用的方式發表出來。逐漸被遺忘在時代洪流中的占星術，才因此開始找出一條生存之道。一直到現在，我們在雜誌或各媒體上看到的像是「巨蟹座運勢」、「射手座運勢」等，這些星座占卜所提及的○○座會有什麼樣的性格等，可以說都得歸功於艾倫‧里奧。

　　再加上進入二十世紀後，芳香療法也開始在替代療法的領域中建立起一席之地。這是因為除了對身體的功效，芳香療法還增加了對心理的療效，以及與精神層面有關的知識及見解。因此，結合了芳香療法與占星術的占星芳療，才開始得以用在身心靈的領域上。

　　自古以來，在星星與植物、星星與人類的關係上，星星一直都是支撐

人類內心、身體、生存方式、靈魂成長的一股力量。所以好好地運用，也可以讓人生變得更順利。

占星術在現代已經不只是個用來判斷幸與不幸、好不好運的工具了。它可以說是一種利用星盤呈現出來的整體觀，觀看一個人的身心狀態、人生道路的走向及面對各種環境、處境時的應對方式等各種要素的一種系統。

通過這些再結合芳香療法，就可以從一個人生命的意義來療癒這個人的全身心，並讓生活的每一天都過得生機勃勃、充滿生命力。

（3）精油與星星關係的現狀

現在的芳香療法所使用的精油，除了有一些是從古代到中世紀就一直在使用，還有更多是到近現代才被發現並活用在生活上的。像是茶樹從久遠時代開始，就被澳洲原住民用於外傷及皮膚的治療，但到了二十世紀初經過科學研究，也被記載在《英國藥典》中。

占星術在二十世紀時已經不再用於醫療中。因此，有一些植物，尤其是新發現的植物，已經無法查證與行星或星座的關係。所以新發現並開始用於芳療的植物，大多都是後來對占星術有興趣的替代療法學家，從植物的效能、作用部位、傳說、植物的形狀等特徵，再加上一些聯想力和解讀角度，自己定義出對應各個植物的守護星（行星）與星座。

只是，在查過古代到中世紀期間的大量文獻後，我們也發現某一些植物在守護星的解釋上，會因地區而產生差異，在日常中的使用方法也有一些不一樣的地方。

由此可見，植物與行星之間的關係會因為地區而改變，這是從以前到現在一直不變的事實。

（4）植物與星星的關係

　　精油（植物）與行星及星座的關係又是基於什麼原理呢？如上所述，主要是從植物效能、作用部位、形狀特徵、生長環境、開花或收成時期、傳說神話等有關。這個部分就讓我們再稍微地深入說明一下。

　　關於功效或效能的部分，比方說有暖身作用（溫熱作用、加溫作用），或有促進血液循環作用的植物，就會被歸類在太陽或火星，或是火象星座（牡羊座、獅子座、射手座）。如薑或黑胡椒就相當於火星；有加溫作用的甜橙則被歸屬在太陽、獅子座。還有像柑橘類的植物大多都是養在排水良好、日照充足的斜坡上，所以沐浴在大量陽光下成長也是決定植物守護星的要素之一。

　　關於身體部位，十二星座與各身體部位的對應關係，我們將在十二星座的項目一一說明，這裡先簡單地提一下。頭部對應牡羊座，再依序而下，到了腳部則是對應到雙魚座。例如，與牡羊座有關的迷迭香，就有幫助思緒清晰（活化腦細胞）的功效，也對頭髮（頭部）健康很有幫助。

　　薄荷類則是有文獻直接指出歸屬在水星或金星。比方說像歐薄荷可緩解上呼吸道症狀（鼻子或喉嚨與水星有關）；胡薄荷可用於月經失調（生殖系統與金星有關）；綠薄荷帶有些微的甜香（甜味與金星有關）等，這是因為根據品種的不同，有些品種的特性會偏向於水星，有些則偏向於金星。

　　從神話或信仰風俗的一面來看的話，像香桃木屬於金星。據說是因為在希臘神話中，香桃木是象徵美的女神阿芙蘿黛蒂（Aphrodite）特別喜愛的植物，也是古埃及神話中，供奉給代表愛與幸福的女神哈索爾（Hathor）的植物。不過，由於香桃木也有保護呼吸道的作用，所以也有一部分的文獻將它的守護行星歸屬於水星。

像這樣，占星芳療在理論形成的路上，其實也融入了方方面面的各種要素。所以，為了讓我們的生活變更好，我們也只能不斷地累積相關歷史與知識，才能更加靈活地運用這門學問。

PART

2

從星盤解讀
人的一生

什麼是星盤？

　　星盤是一種將天空中星體排列位置繪製出來的圖。從不同的星盤種類還可以看世界局勢的發展，或看團體事物的趨勢、走向，只是本書的重心主要還是放在如何解讀個人的命運。

　　看個人命運用的星盤稱為本命盤（Natal Chart），這是根據出生的那一刻的日期、時間、地點，直接複製那一瞬間天空中星體排列位置所繪製出來的圖。星盤有時也會被稱為天宮圖。

　　星盤是由太陽、月亮等行星，還有從牡羊座到雙魚座的十二個星座，以及第一到第十二的十二個宮位這三大元素構成，出生時間地點的不同會改變這些元素的排列位置。不同的配置組成，就會給每個人的命運或人生的走向帶來不同的變化。

　　在本章，我們首先來了解行星、星座、宮位分別代表什麼意義，接著再從相位來說明行星之間的關係。

（1）行星

在西洋占星術中，我們主要看的是月亮、水星、金星、太陽、火星、木星、土星、天王星、海王星、冥王星這十個行星。它們分別發揮不同的機能，也分擔不同的人生課題，塑造出每個人的行為、日常生活的方式、外在表現等個人特質。舉例來說，每個行星就像是在人體中運作的各個器官組織一樣。有了它們才夠組成一個人類的個體。也因為有它們的運作，才能夠表現出一個人的行為動作。

每個人的星盤裡都一定有這十大行星，藉由這些行星不同的作用與影響力，賦予每個人不同的人格特質與命運。

（2）年齡週期

雖然說所有的行星都有自己的力量，但也不是所有的力量都能隨時隨地自由使用。這是因為行星中還有所謂對應的「年齡週期」，這是一種在特定時期，行星的能量會增強的理論（有關行星對應的年齡週期，請參考各行星的說明）。

也就是說，月亮、水星對應到的是幼年期；金星、太陽對應到青年期；火星、木星、土星對應到中年至壯年期；天王星、海王星、冥王星則是再之後。這些行星的力量會在成長的過程中逐漸被發掘出來，然後再一一地運用在人生中。從西洋占星術的角度來看，人生也許可以當作在成長過程中一一去收獲行星的能量，以此增強實力的一場大冒險。

（3）活動領域

　　在通過各個行星年齡週期獲得能量的過程中，看待事物的眼界和活躍的領域也會逐漸地擴大。就像隨著年歲增長，活動的範圍就會愈來愈大一樣，小的時候只能看到家庭和學校，一直到出了社會後開始看到更多東西，比方說社會上的生存方式與運作的框架等。

　　行星主要掌管的活動領域就是由此觀點而生。與行星對應的年齡週期一樣的是，活動領域的分類方式也與行星公轉週期（軌道繞行一周的天數）的長短也有關。

　　接下來就來看看各個行星的活動領域吧。

　　月亮、水星、金星代表個人領域（個人行星）。這幾個行星都是偏向個人主體意識，所以比較容易影響個人的工作方式等層面。

　　太陽、火星、木星、土星代表的則是社會領域（社會行星），在社會中發揮力量，當在社會中工作時，會充分感受到它們的運作，也可以從中窺見一個人如何看待社會的社會觀。

　　天王星、海王星、冥王星是繞行軌道非常長的行星，它們的公轉週期也很長，**在特定的星座甚至能停留長達 7 年～20 年**。因此同一世代的人會擁有一樣的配置，影響的就是差不多年紀的人會擁有一定的共通點，於是也被稱為**世代行星**。再加上這三大行星位於土星外的軌道，因此也有**土星外三王星**（Trans Satanian）之稱。相對於土星代表的是現實的、肉眼可見的世界，這三大行星位於土星外側，所以代表的就是非日常的、突發的事件，或肉眼不可見的心靈或生死層面的領域。

行星		代表的人生課題
月亮	☽	人格（情緒反應）、日常生活方式
水星	☿	創造力、工作上的應變能力、溝通能力
金星	♀	價值觀、喜好的傾向、戀愛上的態度（女性）
太陽	☉	人生目標、能感受到成就感與充實感的活動
火星	♂	行動力、面對威脅時的反擊方式
木星	♃	感受好人好事的能力、不需過度努力也能穩健成長的資質
土星	♄	守紀律、一個人的成就、因不足感而產生的自卑情結
天王星	♅	自主性、獨立性、更喜歡獨自完成工作
海王星	♆	夢境‧幻想‧心靈層面、大愛精神
冥王星	♇	極端的特質、死與再生、突破極限的潛能

（4）行星的作用與其它要素間的關係

　　行星的作用會呈現什麼樣的傾向，主要取決於落在哪一個星座。反過來看的話，也可以想成星座為行星添加了傾向或特質之類的色彩。

　　而有關於行星在什麼樣的場合中會採取什麼樣的行動，則是看行星落入的宮位來呈現。

　　也就是說，行星代表的是一個人的種種機能，星座是為行星賦予特質的色彩，宮位則是賦予行星發揮的空間與背景，所以宮位會影響的是行星在一個場合下所採取的行動或態度。總結如下所示（範例請見下頁）。

- 行星：每個人都有十個機能與各自的人生課題，由十個行星分擔這些機能與人生課題。

- 星座：根據行星落入的星座，賦予行星不同的特質。

- 宮位：根據行星落入的宮位，判斷行星如何採取行動。

有關行星的部分，接下來還會有更加詳細的說明。希望這樣能讓大家更了解行星、星座與宮位間的關係。

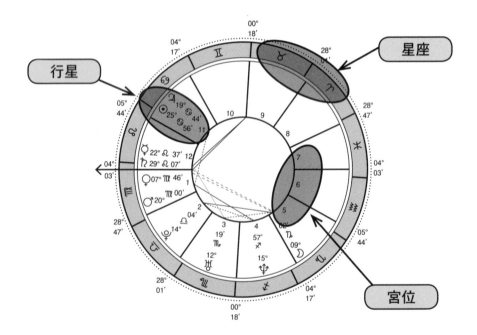

行星、星座、宮位的說明圖

（5）星座（Sign）

　　星座（Sign）又稱作**黃道十二宮**，是將太陽的繞行軌道，也就是黃道以每 30 度劃分成均等的十二個區段。在這裡我們使用的是「巨蟹座」、「射手座」等星座名稱，為了與天空中實際的星座區分，我們又稱作為Sign，代表的就是「每一個區段的印記」之意。

　　星座（Sign）是賦予行星特質的一個要素。**從牡羊座開始到雙魚座共有十二種，行星落入哪一個星座，就會在該行星原本的傾向，再加上所落入星座的特質。**加上特質的意思是指，比方說像月亮這種象徵人格特質與內在自我的行星落入牡羊座時，就會在原本的月亮性格再加上牡羊座的特質，變成活力充沛、不會拐彎抹角的性格。月亮落入巨蟹座的話，那就會是一個富有同情心、會為夥伴著想的溫和性格。

　　說到星座，平常我們常聽到的都是像我出生在雙子座、出生在天蠍座。因為雜誌上的星座占卜，我們已經很自然地認定，星座就是以出生日期區分而來的。但是這實際上是太陽這個行星所落入的星座。

　　如前言所述，星座（Sign）指的是太陽繞行軌道，也就是黃道上的十二個區段，而太陽在黃道上繞行，每年都會在相同的時期通過幾乎相同的位置（相同星座的相同場所）。然後才會使用出生日以方便判斷，也方便用在雜誌的占卜上。

　　在西洋占星術中並非只有太陽而已，月亮和水星等其它行星也會落入星座（Sign）中，因此必然會比一般星座占卜獲得更多訊息。

♌ 12 星座（Sign）與其特質 ♋

星座		三分法	四元素	星座特質
牡羊座	♈	基本宮	火	想到就做、衝動、莽撞、直覺行事
金牛座	♉	固定宮	土	擅於吸收同化、擅用五感、慢條斯理、我行我素
雙子座	♊	變動宮	風	行動敏捷、容易分心、八卦通、人際關係廣而淺、能言善道
巨蟹座	♋	基本宮	水	溫柔體貼、夥伴意識、共情力強、易迎合他人
獅子座	♌	固定宮	火	喜歡熱鬧、戲劇化、自負心強、浮誇
處女座	♍	變動宮	土	細心、仔細、實務能力強、分析能力強、潔淨、純淨感、腳踏實地
天秤座	♎	基本宮	風	待人處事圓融、易聽信他人、追求平衡、有品味
天蠍座	♏	固定宮	水	容易沉迷於某事、踏實、忍耐力強、可靠、不能容許背叛
射手座	♐	變動宮	火	大方、追求自由、熱愛與人切磋琢磨、上進心強烈
摩羯座	♑	基本宮	土	認真、老成、擅於系統化思考、遵守紀律、高社會化
水瓶座	♒	固定宮	風	重視私領域、冷淡、朋友很多、人人平等沒有上下階級觀、有前瞻性、理想主義
雙魚座	♓	變動宮	水	心地善良、圓融善解人意、富有同情心、第六感強烈

（6）宮位

　　星盤上靠近內側的一圈，左側位置有一個標了數字 1 的區段，以此為起始逆時針方向依次劃分為一～十二個區段。這些區段就稱為宮位，每一宮分別稱為第一宮、第二宮等。**每一宮都各有執掌的領域，行星會根據落**

入的宮位，在該宮位執掌的領域中展開行動。這也可以理解成會根據不同的場合決定行動的方式。

有關於宮位的執掌領域，後面的章節還會詳細說明。在這裡先簡單地說明一下。比方說，當象徵工作技能的水星落入掌管金錢及天賦才能的第二宮的時候，會展現出溝通能力、文筆能力，或者利用水星特質從事賺錢活動。當擁有包容特質的木星落入掌管人際關係的第七宮時，則會發揮出擅於接納他人的態度，所以會呈現出對所有對手都能寬容以待的人格特質。因為很多人會被寬宏大量的態度所吸引，所以可能還會表現出好人緣的形象。

& 12 宮 &

宮位	說明
第一宮	自我、上升星座、給人的第一印象
第二宮	擁有的資源、天賦才能、賺錢花錢的方式、與生俱來的特徵·資質
第三宮	初等教育、兄弟姊妹、溝通能力、鄰居
第四宮	家庭環境、家人、集體無意識、情感基礎
第五宮	戀愛、玩樂、興趣、子女、生活情趣
第六宮	工作、健康、奴僕、部屬
第七宮	人際關係全部、夥伴、可互補不足的人、訴訟、結婚對象
第八宮	深層心理、無法立刻動用的金錢（存款、股票、負債、遺產、配偶的錢財）、深度連結的群體、繼承
第九宮	高等教育、外國、出版、司法、宗教、精神與心靈的探索
第十宮	人生最高追求、社會表現、名聲地位、參與社會活動的傾向
第十一宮	未來、志同道合的朋友、同好團體
第十二宮	隱密的事物、肉眼不可見的層面、敵人、內心深處的部分、對不特定多數人的關係或奉獻、網路世界

（7）補充（相位）

請看第 26 頁的星盤範例，可以看見行星與行星之間畫了線。這種行星之間的關係稱為相位。當兩個行星與星盤中心點形成一個特定的角度時，其中一方的行星就會影響到另一方的行星傾向，又或者彼此之間會互相影響。

比方說，象徵個性的月亮落在獅子座時會表現出積極性高、擅長表達自我的特質，但如果這個月亮與土星（象徵限制或自制力）形成相位時，那可能就會變成只有真正需要表達自我時才會精確地表達自我主張，或者有時也可能會因為自制力過於強烈，而無法順利地表達意見。

相位還根據角度分為吉相位與凶相位。吉相位表示行星間的關係是和諧的，彼此間會互相帶來好的影響。凶相位則是表示彼此間的關係宛如即將衝破臨界點一樣是非常緊張的，所以會形成容易勉強自己、增加負擔的關係。

♋ 相位 ♌

	名稱	屬性	意義
0 度	Conjunction 合相	吉／凶	兩個行星重合時 對星座或宮位的影響力無論好壞都很強烈
180 度	Opposition 二（對）分 相	凶	兩個行星落在對宮星座時（火象與風象、土象與水象）構成的關係 這種相位雖然是可以彼此互補不足的關係，但一開始會帶有強烈的排斥力量。具有他者性，大多都是通過他人產生影響
120 度	Trine 三分相	吉	兩個行星落在同一個元素星座時所構成的關係 當兩個行星形成三分相的關係時，彼此間會是安逸且自在的關係，但也容易出現放縱或故步自封的現象。也就是說這樣的相位帶來的能量雖然都能順暢地發揮，但也容易因為太過理所當然而難有自覺
90 度	Square 四分相	凶	兩個行星落在同一三分法星座時所構成的關係 這種相位即使行為模式相同，但由於所屬元素不同，所以容易產生衝突，或者因為一方的能量過於強大而成為另一方的絆腳石
60 度	Sextile 六分相	吉	兩個行星落在對宮星座時（火象與風象、土象與水象）所構成的良好關係 這種相位可以彼此互補不足，又能和諧地整合，與他人互動時可以有節奏地發展與進步。這是個擁有高自尊心且充滿魅力的相位

＊何謂相位：看兩個行星間的關係時，從各自的行星位置往星盤中心點畫線，線與線交合的角度即為相位。當形成的角度落在上述五種角度（相位）時，行星與行星之間就會互相影響。在星盤上，為了方便解讀都會直接在行星間畫線，以表示這些行星在特定的角度下彼此間的關係。

從星盤可以
看出什麼？

解讀星盤，究竟可以看出什麼呢？

從前述的行星首先可以看出一個人身上的各種要素。不只是**個人的情感或行動的傾向**，還有在**社會上如何發展、所在世代的整體傾向**，還有**肉眼不可見的有關心靈層面以及生死層面的課題**都能從星盤上看出來。

光是解讀這些其實就已經能發現很多東西了，但如果再挑出幾個行星細看它們的走向運行，還能解讀出與某個特定事件的關係。

例如，解讀事業運或職業傾向時，主要看的是太陽、水星、土星。太陽代表的是在面對社會時，會如何表現出自己，水星是看擁有什麼樣的工作技能或有沒有協調能力，土星則是表現出在面對長時間的困難，努力克服後能從中獲得什麼成長。解讀出這些特性，就能看出一個人最適合什麼樣的工作。

其它還有像是結婚傾向主要是看太陽及月亮、戀愛的話看的是金星和火星。集中關注在跟特定活動有深刻關聯的行星上，就能解讀與這個特定主題相關的訊息。

除此之外，星盤還可以看出當面對自己身上某些特定的傾向時，自己

是如何感受，外界又是如何看待，對社會又會造成什麼影響等。可以從多重的視角看待事物。

例如，當你認為自己不太擅長某一件事情，但在別人眼中看起來都做得很順利，那這種不擅長的感覺也許可以當作是自己很慎重對待工作而產生的反應，從這種角度思考，相信一定能為工作帶來很大的助益。

反之，也許你認為自己擁有某個領域的技術或天賦能力，但從其他人眼裡看來卻好像不是那麼一回事，其實你在社會關係上並不是那麼突出。從不同的視角看來，自己的資質或不擅長的事物也許就會展現出不同的面貌。從這一點，也許也能當作重新認識自己的機會。相同的，如果身邊的人或客戶也能像這樣解析自己，認識自己的另一面，那麼也許就能誘發更多的可能性。

接下來也來看看宮位的要素。從第 29 頁的宮位一覽表，可以發現宮位當中有代表家庭（第四宮）或社會（第十宮）這種比較容易了解的領域，也有代表肉眼不可見的心靈層面（第十二宮）或未來（第十一宮）這種比較模糊且虛幻的領域。從這一點，我們也能發現，星盤就是一個不僅要看肉眼可見的要素，還必須關注到肉眼不可見的部分，並從一個人整體的狀況包括環境去觀察解讀的機制。

星座（Sign）對每個宮位的傾向也有影響。比方說第四宮的家庭、家人呈現出這樣的傾向、第七宮的人際關係呈現出那樣的傾向，但結合星座的要素，就會顯示出本人在那樣的情況下會有什麼感受，又可能會有什麼樣的認知。

換句話說，它顯示的是人們在不同的場合下會什麼樣的看法。就某個層面來說，也許可以理解成一個人是如何看待這個世界的，也可以算是描繪出**一個人的世界觀**吧。但如果換一種解讀方式，則可以解釋成：星盤顯示出一個人周邊具體的狀況，所以也代表能夠看出**一個人所處的環境**。

綜上所述，星盤不僅可以全面地描繪出從個人的資質到社會關係，甚至肉眼不可見的精神層面，以及一個人所處的環境及世界觀等，還可以當作是一種從綜合性的觀點去理解一個人的工具。

當我們從這些綜合性的觀點重新審視一個人的個人情況及那個人所處的環境後，那些潛在的，比方說必須好好活用的優良素質與不足之處、錯誤的處理方式等，都會一一地浮現出來。看一個人的星盤，也是對這個人進行包含環境背景的一種全面性的認識。而這些解讀結果在後續的治療或諮詢中，也許就是非常重要的參考依據。

至於星盤的繪製，建議可以使用網路上的星盤網站或星盤繪製軟體。

這裡介紹兩個可以免費繪製星盤的網站。

・Astrodienist（日文）

https://www.astro.com/horoscopes/ja

從首頁點選「出生圖、上升點」的頁面，即可從「輸入出生資料生成各種星盤」跳轉至星盤計算頁面。

・Astro-Seek（英文）

https://www.astro-seek.com/

點選頁面上方的「Free Horoscopes」，再從下拉式選單中點選「Birth Natal Chart Online Calculator」即可跳轉至星盤計算頁面。

PART

3

行星是什麼

行星的冷熱乾濕

　　占星中的行星，其實是將人體的各項機能對應到各個行星的作用。現在基本上使用的是十個行星。但古代使用的只有**月亮、水星、金星、太陽、火星、木星、土星七大行星**。

　　一直到近代，由於科學技術的進步，才有新發現的三個行星（天王星、海王星、冥王星）加入，變成十大行星。而且正如上一章說過的，每一個行星還是有對應的年齡週期及活動領域等區分。

　　行星也因為古希臘出現的**四大元質理論（冷（Cold）、熱（Hot）、乾（Dry）、濕（Moist）），**明確地定義出基本的性質。在古希臘時期，人們已經會利用冷熱乾濕去解讀每一種事物的性質，包括在觀察藥草的性質時，也是使用這個理論來做區分。

　　例如，可以溫熱身體、減少黏液的藥草是屬於 Hot & Dry 的性質；可以祛熱加濕的藥草則屬於 Cold & Moist 的性質。在藥草的性質屬性上，還會再加上 1～3 度（根據文獻表示最高到 4 度）的度數，以表示性質的強弱程度。據說藥草與精油在占星術上做分類時，那些與某個行星屬性接近的藥草和精油，也會被歸類為與該行星密切相關。

各行星的
作用與精油

在醫療占星術（Medical Astrology）中，行星也分別對應人體的各個部位。接下來，就讓我們從各個行星的作用、性質與對應的身體部位，再結合代表的精油一一解說。

個人內在性格、情感、基本的行為反應模式

月亮

醫療占星術 胃、腦、乳房

性質 Cold & Moist

月亮代表的是個人內在性格與情感，年齡週期落在 0～7 歲，在這個時期建立的情感基礎，還有吸收到的周圍的情況，特別是家庭環境，以及日常的生活方式、喜惡愛好等情感上的反應模式會開始展露在一個人的性格上。

這些性格和情感傾向有一半是來自於本人先天的資質，剩下的另一半

則是來自於童年的生長環境。如果家庭的氛圍本身就是穩定的，那麼即使有什麼事情發生，家人也都會以冷靜的態度應對，那身處在其中就會將這種情況視為理所當然一樣吸收內化。

但如果家庭環境是吵鬧的，每天都在那樣的環境下生活，想必也會變得無法安寧。對本人而言，這些狀況是很理所當然的，所謂的「很穩定」或「很吵鬧」其實多數都難以意識到。性格在某種意義上，可以說是一個人自然表現出來的行為模式，所以本人可能也很難完美地掌握。

這種情感模式會如何表現，可以通過月亮所在的星座來解讀。月亮有代表「接觸最頻繁的人」的意思，所以像母親這種擔任主要保護者的角色，就是由月亮來表示。

還有在醫療占星術中，月亮也與身體、肉體方面關係密切，守護身體所需的安全感就是由月亮主掌。除此之外，月亮也代表著在工作、社會性活動，或在疲憊時能回歸的場所。所以月亮所在的星座或宮位，表示的就是一個人在什麼樣的情境下最能放鬆，這在諮詢或治療時也是一項非常重要的指標。

若考慮到月亮分別落在 12 個星座的情況，那也表示每個人都有一套自己的療癒方式，也就是說放鬆自己的方式會因人而異。比方說有的人在悠悠哉哉的環境下會感到放鬆，但也有人喜歡聽得到人聲的地方，一旦獨自待在安靜的環境反而會變得緊張起來。

還有體質的弱點或容易出現反應的身體部位，也是和月亮所落入的星座有關。特別是疲勞累積、內在精神力變弱時，這些部位就會開始出現狀況。在某種意義上，這也可以說是月亮提示的一種警訊，告訴我們身心需要休息了。

✦ 月亮精油 ✦

月亮是有關情感或精神狀態的行星。所以月亮精油大多都有穩定、沉靜，或是緩和內心情感波動的效果。在醫療占星術中則是與腦、胃與子宮等有關。

丨☽ 月亮的代表精油 丨

快樂鼠尾草	穩定情緒、幫助放鬆。有鎮痛作用。還能緩解生理痛、經前症候群。
檸檬	可釐清思緒。還有緩解噁心感等胃部症狀的作用。
茉莉	可為心靈帶來豐盈滿足的感覺。有緩解與生理期、經前症候造成的情緒不穩定。有助產的效果。

✚ 其它代表精油

香蜂草、萊姆、羅馬洋甘菊

狀況處理能力、知性、溝通能力

(醫療占星術) 神經系統全部、感官系統、呼吸道‧膽管等管狀組織

(性質) Cold & Dry

水星

水星是代表一個人的基本智力與適應能力的行星。

當人有了目的，為了實現這個目的會如何因應情況採取行動，主要就

是由水星負責。例如，採買時規劃金錢運用的智力，以及與人交談、表達自我想法時，如何視對方的情況與心情選擇用語的溝通能力，都是為了達成目的。面對想要達成的目的，如何下工夫、整理出需要做的事、收集情報，這些就是由水星掌管的內容。

水星的年齡週期落在 7～15 歲。也就是開始上學、發展基礎智力與認知能力的時期。成年之後收集情報、與人溝通、處理事務、製作文件等基本的能力，可以說都是扎根於少年時期的閱讀、寫作或計算的累積。

那麼會有什麼樣的處理能力，看的是水星落入的星座。有的星座擅長對話，有的星座擅長手工。每個星座都會展現出不同的知性面以及技能與特性。

✦ 水星精油 ✦

水星在醫療占星術中與神經系統有關。所以水星精油通常會有鎮靜或舒緩神經緊張的功效。除此之外也與消化道、氣管等體內管狀組織有關，所以多數可用於調整呼吸道、腸胃道狀態，以及改善食欲不振或便祕等症狀。

☿ 水星的代表精油

薰衣草	緩解神經緊張。也可用於緊張造成的腸胃不適。
歐薄荷	喚醒並重整神經系統。經常用於緩解鼻塞、暢通上呼吸道。也可用於緩解胃部不適感或噁心感。
檸檬香茅	穩定精神狀態。促進消化、調整腸胃狀態。

✚ 其它代表精油

馬鬱蘭、快樂鼠尾草、甜茴香、肉桂

金星是與一個人的美感品味及人際關係、享樂方式有關的行星。

金星的年齡週期落在 15～25 歲,從這個時期開始,對於事物的感受力會開始變得豐富,內心世界也會因為音樂或藝術的陶冶獲得充實,並在戀愛與情感交流的過程中,建立起感受力的基礎。雖然說這是一個最容易被藝術感動或墜入愛河的時期,但由於人的感性都是在這個時期形成的,因此這個時期聽到的音樂可能就會成為伴隨你一生的喜好。

至於感受力或享樂的方式,則是看金星落入哪個星座。有的星座對於喜歡的事物會非常一心一意,而有的星座可能會比較喜新厭舊、興趣一個換過一個。還有在戀愛方面,女性的金星會影響到戀愛的態度,男性的金星則會顯示出喜歡的女性類型。

乍看之下,金星就像是單純地用來鑒定享樂方式的行星,但其實金星還有平衡內心、為心靈增添情趣與從容感的作用。對於壓力山大的現代人而言,可說是一個非常重要的潤滑劑。

✦ 金星精油 ✦

金星也是與女性魅力與協調性有關的行星。金星精油除了能誘發女性內在魅力,還可消除憂鬱情緒、恢復在享受事物時內心的彈性。在醫療占星術中,與生殖器官及腎臟有關,精油大多具備平衡女性荷爾蒙的作用。

玫瑰	有抗憂鬱的作用，可撫平哀傷、療癒心靈。有調整女性荷爾蒙的作用，而深受更年期女性的喜愛。
伊蘭	改善自律神經失調、調整女性荷爾蒙。
天竺葵	有平衡身心，以及激發男性魅力、女性魅力的作用。

✚ 其它代表精油

香桃木、西洋蓍草、玫瑰草、百里香、松紅莓

太陽是代表一個人的人生及生活方式、終生目標的行星。

正如太陽等同於太陽系的中心一樣，太陽也是星盤中的主角。它象徵一個人主要的人格形象，所以會表現出一個人為了什麼而生存、人生的走向會以什麼為中心、如何追求人生的價值等課題。

太陽的年齡週期落在 25～35 歲，也是一個出了社會開始摸索並對自己的生存之道有了見解的時期。人在這個時期，太陽的能量會隨著自己選擇什麼樣的人生走向，以及表達自我的方式逐漸強大。在積極走向社會的過程中，再加上太陽落入的星座與宮位交互影響，逐漸形成一個人的人

格，因此太陽在占星中也被稱作「外在人格」。

　　想過什麼樣的生活？做什麼可以感受到成就感？則可以看太陽落入的星座來解讀。有的星座可能會反應出這個人喜歡努力做製造生產的工作，也有的星座會顯示出這個人比較追求在與人交流溝通中推動事物的工作。透過每個星盤上太陽的狀態，也許就能觸及到一個人的生存目標或想追求什麼樣的生活等深入的層面。

✦ 太陽精油 ✦

　　太陽是與精力、主動性、自信、自尊心有關的行星。當失去自信或感到氣餒而變得消極時，太陽精油可以溫暖心靈，成為背後的一把助力。

　　當人生失去方向時，也可以增加行動力，給自己一個繼續向前的力量。在醫療占星術中則是與心臟、動脈有關。而且大多都有改善血壓、促進血液循環順暢的作用。

| ⊙ 太陽的代表精油 |

迷迭香	促進血液循環、使思緒變得清晰、緩解肌肉僵硬。也可用於生髮。
廣藿香	促進體液循環、幫助排出容易造成疲勞或疼痛的物質。幫助整合身心靈。
乳香	可加深呼吸、放鬆精神情緒、使靈魂變得穩定。也可用於肌膚抗老化。

✚ 其它代表精油

羅馬洋甘菊、甜橙、佛手柑、葡萄柚、苦橙葉、茶樹、安息香、橙花、橘子、花梨木、沒藥、肉桂

行動力、競爭力

火星

醫療占星術 膽囊、肌肉、血液、外傷、出血

性質 Hot & Dry

火星是可以看出行動力、推動力及競爭力的行星。

特別是在不想輸給別人、想要搶先別人一步時會看的行星。火星也可以看出一個人會如何使用手段擊退他人，突顯自身價值。

火星的年齡週期落在 35～45 歲。是緊跟著太陽大運期（25～35 歲）之後到來的時期，所以也代表對想在社會中實現什麼目標已經有了一定程度的了解。也就是說，這個火星期可以說就是將太陽期掌握到的人生目標，以更加積極的方式投入在社會中並全力推動的時期。

但是，另一方面火星也象徵著競爭，所以會有否定他人、堅持自己做法的反應，所以結果可能會遭到反抗或反被報復，也會因為輸給別人而感到憤怒。但是，隨著經驗的累積，火星會領悟到如何規避不必要的問題，並學到達成目的所需的能力。

至於會採取什麼樣的手段以獲得勝利，則是看火星落入的星座。有的星座會擅長先發制人，搶佔先機取勝；有的則善於防衛，喜歡訂定戰略；此外，也有韌性驚人，堅持穩步前進的星座，各有各的取勝方式。

✦ 火星精油 ✦

　　火星象徵著幹勁與專注力。所以火星精油通常有增加幹勁、激發行動力、提升專注力的功效。而且由於火星的性質為 Hot & Dry，所以大多還有溫熱身體、促進血液循環的功效。

♂ 火星的代表精油

歐洲赤松	松樹葉（松針）與火星有關。除了可促進血液循環，還可刺激意識、提升主動性。
黑胡椒	刺激情緒、激動。可用於推拿。
薑	促進血液循環、溫熱身體。可用於消化功能失調。刺激感官、提高專注力。

+ 其它代表精油

羅勒

木星

對社會有益的態度、善意

醫療占星術 肝臟、肺、肥胖

性質 Hot & Moist

　　木星對於一個人而言，是最能感受到與「好運」有關的行星。

　　一般人對於社會上那些可以利人利己的事，大多都會抱持著欣然接受的態度，如果自己也能發起這樣的活動，無論對社會或自己，一定都能感

受到有所成長。

因為這樣，木星也被認為與擴展、成長、善意及倫理觀等精神層面上的「好事」有關。例如像是教育、出版、宗教、立法等，因為這些可以提高人們的精神世界，並創造出更好的生活方式。

木星的基本功能是接受並加以擴展。也就是說自己會自然而然地接受並內化對社會有益的事物，然後再以此為根基展開行動。只不過這些所謂有益的事情，自己是很難有意識的。但也因為這樣的「理所當然」，所以在做這些行動時都能非常順利，不會感受到壓力。

但相對的，木星也被認為是一個鈍感的行星，但是在這個鈍感的時間裡積累下來的技能與事跡，往往有一天就會成為支撐自己的力量。就這層意義上而言，或許也可以把木星當作一個在內在悄悄培養長大的寶物。

那麼，這些豐碩的積累成果會以什麼形式表現出來，則是看木星落在什麼星座。有的星座是因為擅於感受他人的心情而培養出溫柔的個性，也有的星座會發揮出因積極挑戰新事物而積累下來的行動力與突破力。只是如前言所述一般，大多都是難以自覺，不認真去想就不易察覺的特質。

✛ 木星精油 ✛

木星也與寬容、樂觀、精神世界的豐沃程度有關。所以木星精油可以提高對他人的寬容性，對事物也能以樂觀的態度面對。木星精油的性質屬於 Hot & Moist，所以當性質為 Cold & Dry 的土星或水星帶來負面影響時，例如因為土星過度自律使心情變得壓抑，或因為水星變得神經質、精神緊張時，可以給心靈帶來溫暖和豁達感。

2 木星的代表精油

杜松莓	具 Hot & Moist 的特質，從古代就被認為與體液與肝臟淨化有關。
甜橙	有溫熱身體的效果，可有效緩解因壓力造成的腸胃不適。可以帶來開朗的心情並放鬆情緒。
葡萄柚	促進肝臟功能、分泌消化酵素、幫助排毒。可緩解緊繃、過度糾結的情緒。

✚ 其它代表精油

香蜂草、沒藥、茉莉、冷杉、羅文莎葉

規則意識、在社會上的成熟面、成就、自卑感、不擅長感

（醫療占星術）骨骼（保護與框架）、關節、體質寒冷、硬化症、結石

（性質）Cold & Dry

土星是代表社會規則與成熟意識的行星。

在中世紀後期之前，宇宙觀測都還只能觀測到土星，所以土星原本一直都被認定是最遠的行星。但也因為如此，土星才會被認為與法律及社會規範有關。

如果用年齡週期來看人類的成長，那在古代土星就已經是晚年了，所以土星也有老人的象徵。這對一個人而言是最成熟的狀態，換句話說就是

達成人生成就的那一刻，也可以代表一個人真正長大了的瞬間。

土星也經常被用來表示不擅長的事物、不足感的象徵。這是表示與期望中的那個成熟模樣相比，自己當下的狀態還遠遠到達不了那個程度，於是才會以不足感表現出來。

但是土星一旦想從這種不擅長的感覺中逃脫，又會認為自己比周圍那些擅長的人低了一等，進而演變成自卑感。所以，土星雖然是一個與人的成就有關的行星，但同時也是喚起不擅長感或自卑感等複雜情感的行星。

想要克服這種糾纏著土星的不擅長感，唯有好好地面對土星所顯現出來有關成就的所有課題，並逐一地去實現。雖然很耗費時間，但腳踏實地走出的每一步除了成長，也一定可以達到真正的成就。

至於認為什麼樣的形象才是所謂的成熟的大人，則是看土星落入的星座。有的星座會認為好好賺錢就是成熟的大人了，也有的星座認為不斷學習、保持上進心才是大人應有的模樣，每個人心中的成就目標都不一樣。但這種追求成就目標的態度，也是幫助成長的驅動力。

✦ 土星精油 ✦

土星是有關冷靜、穩定的行星。所以土星精油的香氣大多都是沉穩的，有助於重整心緒，為心靈奠定穩定的基石。

對於自卑感或不擅長的自覺意識，土星精油可以讓心靈得以冷靜地面對，並相信自己能夠好好地克服它們。土星精油性質為 Cold & Dry，在醫療占星術中，可用於改善發燒、黏液增多的症狀，經常會用於感冒或呼吸系統疾病。

♄ 土星的代表精油

雪松	使心情冷靜、堅定意志力，穩定內心、增加忍耐力。也可用於呼吸系統。
尤加利	有促進排痰的功效。可調整呼吸、幫助意識清晰、開闊心靈視野。

✚ 其它代表精油

絲柏、岩蘭草、檀香、黑雲杉

天王星

自主、獨立、變化、轉變

醫療占星術 神經傳達及電波訊號的領域、神經系統問題、內臟移植

性質 Cold & Dry

（※這是近代占星術才發現並開始使用的行星，所以古代舊有的醫療占星術並沒有相關的身體部位或性質的記載。這裡介紹的醫療占星術相關徵象及性質都是近年來觀察分析得到的結果，僅供參考。）

天王星是與改革及突發事件有關的行星。但突發事件也不是代表會發生什麼問題。而是至今以為理所當然、被視為常識的情況或長久以來持續不變的事物一度中斷，必須重新確認是否保持下去的訊號。

重新確認過後，如果確認沒有問題就繼續維持現狀，反之也可以選擇轉換方向。所以在結果上事物會改變，或是表現出重新恢復活力的作用。

當被什麼困住、陷入膠著時，天王星的能量可以幫助開創新思維，即可為膠著的狀態帶來新的變化。

中斷也不僅限於事物，也可能代表一段關係等的切斷。與其依賴與人之間的關係，不如果決地切斷，靠自己的力量實現目標，所以天王星才會被認為是與自主、獨立有關的行星。

人與人之間的關係固然重要，但同時也會變成人情上的羈絆。結果往往會變得綁手綁腳，無法自由自在挑戰自己的目標，或者只能被迫遠離自己真正想追求的夢想。而天王星的作用就是切斷這種羈絆，幫助自己意識到真正想追求的東西。

至於行動或事態的發展可以如何轉變及突破，則可從天王星落入的星座來看。有的星座會透過與人對話交流以獲得新的靈感，或從手工作業中尋找新的創意等。只是，天王星是土星外的行星，距離太過遙遠，所以也不是能夠經常發生變動、帶來新風氣。

✦ 天王星精油 ✦

天王星是與意識覺醒及轉變有關的行星。所以天王星精油有振奮精神、促進變革，引導新觀點或帶來新風氣，以促成突破或轉換方向的功效。

♅ 天王星的代表精油

萊姆	可用於重振精神、轉換心情。或幫助釐清思緒、使頭腦清晰。
苦橙葉	幫助心神平衡安定、促進客觀思考。

✚ 其它代表精油

檸檬

海王星

夢境、幻想、靈性層面的要素、大愛精神

(醫療占星術) 過敏、找不到原因的疾病、與酒精或藥物有關的疾病、緩和醫療

(性質) Cold & Moist

（※這是近代占星術才發現並開始使用的行星，所以古代舊有的醫療占星術並沒有相關的身體部位或性質的記載。這裡介紹的醫療占星術相關徵象及性質都是近年來觀察分析得到的結果，僅供參考。）

海王星是與夢境、幻想等有關的行星。

像是肉眼不可見的、難以抓住、沒有實體的東西。相對於現實世界中清醒的狀態，海王星則是象徵如夢境般無意識的世界。海王星與靈性層面及神秘世界有很深刻的關係。如果以這也是人類一部分的層面來思考，說不定會感到很不可思議。還包括像是對危險的直覺或神秘的第六感的層面，這些也可以視為海王星從潛意識或夢的世界中帶來的訊息。

海王星在潛意識的領域，也代表著集體潛意識，像是肉眼不可見但與多數人有關的領域。例如演藝人員或藝術工作者等擁有大眾影響力的人，在他們的星盤中海王星的特質通常都非常強烈。這是因為在海王星的影響下，從潛意識中引出的集體潛意識已經全方位地滲入在這個人的行為舉止中。那同樣受到這個集體潛意識影響的人，就會比較容易被他的作品或言行吸引目光，並在內心深處產生共鳴而湧現出喜悅或感動等情感反應。

會對什麼樣的事情產生共鳴，則是看海王星落在什麼星座。有些星座喜歡探討事物的另一面，或對深層心理學抱著深切的興趣，而有的星座則

是對提升自我意識、常保上進心充滿期待，落入的星座不同也會呈現不同的方向性。

另一方面，海王星還象徵謊言或詐騙等惡的一面。從星盤中海王星的位置，會顯示出因為不明原因抱持夢想，然後湧上深深的感動和喜悅，所以很容易對某件事產生巨大的期待也是海王星代表的一種課題。如果這種期待與現實相差太遠且無法掌握時，就會引發一些與期待背道而馳的事件。

⤲ 海王星精油 ⤲

海王星是與不可見的事物或與夢境有關的行星。所以海王星精油也有引導意識狀態改變，或是可作用至深層心理的功用。與希臘神話中的海神波賽頓（羅馬神話中稱為尼普頓）有關。

♆ 海王星的代表精油

檀香	有加深呼吸、重振心理層面，使心靈沉靜下來的作用。適合用於冥想。
沒藥	在古埃及是製作木乃伊會使用的原料。用於身心與靈性的連結、引導靈魂走向更好的狀態。

✚ 其它代表精油

歐洲赤松

冥王星 | 生死、極端、領導特質
醫療占星術 生產、再生醫療、臨終醫療
性質 Cold & Dry

（※這是近代占星術才發現並開始使用的行星，所以古代舊有的醫療占星術並沒有相關的身體部位或性質的記載。這裡介紹的醫療占星術相關徵象及性質都是近年來觀察分析得到的結果，僅供參考。）

冥王星象徵死亡與重生，也與突破極限的力量有關。因冥王星在日常生活中不太有存在感，但是一旦發生些什麼、特別是與生死有關的關鍵時刻，就會發揮作用。即使平常感受不到，但在緊急時候都能發揮超常的力量，也是因為這種劇烈的落差，才會給人「極端」的印象。

當一個人的星盤中冥王星特質表現得特別強烈時，「生或死」往往就會成為他的判斷基準。所謂的生死成為判斷標準，指的是像「這麼做也不會死」或「做了這種事就跟死了沒什麼兩樣」等，將生或死視為劃分做或不做的標準。

比方說，旁人怎麼看都覺得非常不合理的工作狀態，本人卻說「反正也不會死」，還是若無其事地持續著，雖然也可以說是忍耐力特強，但本人可能毫無自覺。

冥王星在一個星座停留的時間將近 14～20 年，所以相同世代的人通常冥王星落入的星座都一樣，只是還是會有宮位或其它配置上的差異，所以同一世代分別會有共通的部分（星座）或非共通的部分（宮位）。

至於什麼樣的事會有死亡的感受，或臨終時期會期望什麼情況等，則

可看冥王星落入的星座位置。有的星座可能是非常獨立，不需要他人，但也有的星座會認為沒有夥伴就如同死了一樣。只要一涉及到生死就會湧起強烈的焦慮感，所以與冥王星有關的人生課題，大多都泛著焦慮或苦悶的感覺。

✦ 冥王星精油 ✦

由於冥王星與生死或忍耐力有關，所以冥王星精油也大多都能追溯到有關於死的民間傳說或神話。作用方面則有幫助提高忍耐力並給內心帶來強烈的支持感，帶來跨越困難的自信心。

♇ 冥王星的代表精油

絲柏	來自希臘神話中化為絲柏樹的西帕里修斯（Cyparissus）。提高忍耐力、給予內心勇於克服困難的自信心。
岩蘭草	這是萃取自根部的精油（而冥界來自於地底）。有鎮靜、穩定精神層面，並奠定堅韌不動搖的內心世界的功效。

✚ 其它代表精油

雪松、廣藿香

PART

4

星座是什麼

12 星座是
天空中的尺規

　　占星中所提到的星座，一言以蔽之就是類似天空中的門牌號碼或社區一樣的存在。它們與實際的星座（Constellation）或星體大小無關，只是用來代指黃道上以每 30 度劃分為一個區段的 12 個區段。

　　占星術中使用的行星或宮位的狀態，也是從它們落在牡羊座到雙魚座的哪一個星座及幾度（0〜29 度）做判斷。所以，在西洋占星術中，星座在某種意義上就像是尺規一樣，用來當作確定座標位置的工具。而我們會將太陽的軌跡看成一個圓，然後以星座的度數來表示位置，並以角度看待行星間的關係。

　　太陽在黃道上繞行一周需要一年時間。雖然每年都會在幾乎相同的時期移動到相同的位置，但是 12 星座是以太陽的位置落在春分點（牡羊座 0 度）為起點，此時白晝與黑夜的時長相同。白晝最長的夏至，太陽的位置落在巨蟹座 0 度；秋分落在牡羊座對向的天秤座 0 度；白晝最短的冬至，太陽的位置則落在摩羯座 0 度，這四個星座也分別成為四季的起點。

　　接著牡羊座到雙子座的期間為春季、巨蟹座到處女座的期間為夏季、天秤座到射手座的期間為秋季、摩羯座到雙魚座的期間為冬季，所以 12 星座與季節的關係可說是非常密切。

這些季節的要素在植物與 12 星座的關係上，也象徵著非常重要的意義。像是植物的發芽、生長、開花、結果都與季節的變化脫不了關係。所以某些藥用植物與星座間的關係，也會與特定的季節相互對應。（參考P.62「星座與季節的關係圖」）

有關於冷熱乾濕的性質在第三章也有討論到，這種分類方式其實也與接下來要說明的四大元素有關。四大元素的分類分別為：

火　Hot & Dry

土　Cold & Dry

風　Hot & Moist

水　Cold & Moist

具有以上相同性質的藥草，也與所屬的元素有關，這也是決定藥草與星座關係的一項要素。

而且，每一個星座還分別有自己的守護星（Ruler）。守護星在某種意義上，可說是如同星座主宰者一樣。上一章我們提到了藥草、精油是如何歸屬於各個行星，其實在這裡也一樣，藥草、精油與星座的關係，也是根據各星座的守護星而定。

醫療占星術中，12 星座也分別掌管身體的各個部位。比方說頭部屬於牡羊座、口頸部屬於金牛座、肩臂屬於雙子座，從身體上方依序而下，最後腳的部位則屬於雙魚座。藥草也會對特定的身體部位產生作用，從這點可以看出藥草與特定星座的關聯。

例如，羅馬洋甘菊有緩解胃痛的功效，所以也與掌管胃部的巨蟹座有關。芳香療法所使用的精油原料都是來自於藥草，所以星座與藥草的關係可以直接代入到星座與精油的關係。

12 星座的分類

為了加深對星座的理解，一般會將 12 星座依照星座的特性，將特徵共通的星座分為一組。這裡依照星座的特性，分別有三分法（Mode）與四元素（Element）兩種分法。

（1）三分法（基本宮、固定宮、變動宮）

三分法指的是將 12 星座根據「行動力」劃分為三組。他們各自擁有能不能繼續行動、能不能維持下去等特質。而決定出「行動力」的模式，主要是看對時間的意識。也就是說，看他們是如何意識到時間的流動，並順應自己的意識採取行動、自然地形成一種行為模式。

> **基本宮**　（Cardinal：牡羊座・巨蟹座・天秤座・摩羯座）
> 時間意識：「現在、當下」

對於時間的意識是「現在、當下」，面對任何事都會立刻採取行動的基本宮，擁有永不停歇的行動力。這也是一個擁有開創力及推動力，能夠

直接朝向目標前進的星座群。雖然都是靠自己的努力推動事物，但常會因為迫不及待想盡快得到結果，而顯露出急性子的一面。只是，他們優先考慮的通常都是「現在」，往往很難看到過去或未來的層面，所以維持力可能比較弱。基本上屬於單工處理模式，一次只能專注在一件事情上，直到有了結果再繼續下一件事；由於都是一個接著一個做的，所以常會給人一種不知道在瞎忙些什麼的感覺。

固定宮 （Fixed：金牛座・獅子座・天蠍座・水瓶座）
時間意識：遙遠的過去到遙遠的未來

固定宮對時間的意識是從過去到未來的很長的時間，所以是行為傾向會表現出可以一直做一件事的群體。他們擅長堅持及維持事物，而且還擁有不輕易改變的價值觀，所以相對上，也會給人很穩定的印象。而且固定宮無論做任何事都能堅持很久，所以就結果而言，也比較容易留下實績、成果或有形的東西。雖然固定宮個性非常頑強，還擁有將一件事做到最後的膽量，但相對的，他們比較不擅長變換路線，如果一直持續做的事沒辦法繼續了，可能會因為無法輕鬆地找到替代方案而陷入慌張焦慮，結果造成心理壓力。

變動宮 （Mutable：雙子座・處女座・射手座・雙魚座）
時間意識：空隙時間

以 12 星座的順序，變動宮位於「基本宮→固定宮」的下一個位置，所以兼容了基本宮及固定宮的特質。也就是說，他們像固定宮一樣能夠堅持，但又能從縫隙中，找到機會開始新的事物。他們就是能夠利用空隙時間展開行動的一個群體。就處理模式而言就是做 A 的同時，還能找空檔做

B，是屬於能夠同時處理多件事情的多工處理模式，這也是這種星座群的強項。雖然說他們擅長因應狀況，切換應該做的事情，但也可能會因為同時處理太多事而陷入混亂。他們擁有許多像技能、情報能力等各種選項，所以也有擅於隨機應變的能力。只是，一旦選項過多，他們往往也很難下訂決心，或訂出優先順序。

（2）元素（四元素：火、土、風、水）

四元素指的是火、土、風、水四種，表示一個人會重視什麼或關注什麼的傾向。根據所關注的事物，這個傾向也能看出一個人會基於什麼而工作或採取行動，或者會以什麼事情為優先考量。

▶ **火象** （牡羊座・獅子座・射手座）
性質：Hot & Dry

火象星座主要是與個人的精神力有關，是會著重在個人野心、企圖心的群體。由於最重視的是自己想做的事，所以會積極地投入個人的熱忱。只是，火象星座雖然是會依照自己所想要的而行動，也是非常有熱忱的一個群體，但往往會優先處理自己想做的事，所以常給人一種任性的感覺。對於事物的判斷會根據直覺採取行動。

▶ **土象** （金牛座・處女座・摩羯座）
性質：Cold & Dry

土象星座是一個會著重在肉體或物品等物質性的群體。他們面對事物會採取具體、實際的判斷，常會優先處理肉眼可見，或可化為數值表現出來的事物。較不容易被當下的氣勢或熱情所動搖，所以會給人一種冷靜的感覺。

風象 （雙子座・天秤座・水瓶座）
性質：Hot & Moist

風象星座是一個會關注他人或周圍狀況的群體。他們擁有客觀的視角，會通過知性統合周圍的情況或多數人的意見，並根據這個判斷開展事物。而且，由於他們擅長積極地與人來往，還喜歡通過交流獲取情報，所以也被認為是溝通能力非常好的群體。

水象 （巨蟹座・天蠍座・雙魚座）
性質：Cold & Moist

水象星座是一個會著重在他人心情或內在的群體。他們擅長感受人的心情，並以同理心接受吸收，所以可能常會給人一種很情緒化、感情用事的感覺。他們很容易設身處地去感受他人的痛苦、哀傷或喜悅等情緒，所以有時也會實際著手幫助解決問題。他們擅長體貼並和善地對待他人，是非常重視人與人之間情感交流的群體。

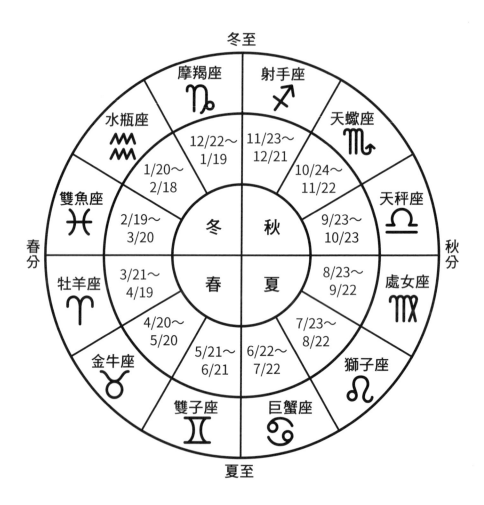

星座與季節的關係圖

各星座的
特徵與精油

接下來介紹的是各個星座的特徵、相關的關鍵字，以及各星座的精油。精油的部分將針對與星座的關聯性做重點的解說。

牡羊座

三分法 基本宮	身體部位 頭部、腦、
四元素 火象	頭蓋骨、臉、上顎、外
守護星 火星	耳

牡羊座是春分後的第一個星座，象徵著新的事態與新的開始。

由於牡羊座象徵的是一個毫無經驗與知識、宛如白紙一樣的狀態，無論面對任何事情，他們習慣先做了再說。雖然對未知的領域有挑戰精神，但也容易感到強烈的不安。不易受到前例的約束，而且擅長依據直覺做判斷，所以有時會做出明智的決策，但也有做出草率決定的時候。若以人類的成長階段來比喻，可說是剛出生的嬰兒，雖然就像是靈魂初生一樣單

純，但他們的前進力與爆發力，可說是 12 星座中首屈一指的。

| 關鍵字 |

　　粗枝大葉、急躁、衝動、暴躁、全力以赴、直覺行事、坦白率真、爆發力強、決斷力強、武斷、精力旺盛、熱情有活力、不服輸、開拓精神、積極進取

| ♈ 牡羊座的代表精油 |

迷迭香	活化腦細胞，使頭腦變得清晰。有促進體液循環、增強代謝的作用。
馬鬱蘭	溫熱身體、緩和緊張感。
黑胡椒	有刺激作用，可促進體液循環，有助於肌肉等身體各處的疲勞物質排出體外。

| 金牛座 | 三分法 固定宮 | 身體部位 頸部、喉嚨（咽、喉）、感覺器官、口、聲帶、舌 |
| 四元素 土象 |
| 守護星 金星 |

　　金牛座是一個追求物質性及感官享受的星座。如果說上一個牡羊座象徵的是靈魂初生的狀態，那麼接在之後的金牛座，就是一個剛意識到自己擁有肉體，並開始盡情地運用所有具備要素的星座。肉體是在這世上活動所需、最重要的根基。所以他們會充分地運用身體所具備的五感（視覺、聽覺、味覺、嗅覺、觸覺），穩健地吸收知識、建立印象與累積經驗等。

再加上金牛座的守護星是金星，所以在五感的方面，也會更加突顯出審美的特質。例如，擅長享受美食或音樂也是金牛座所具備的特質。只是，金牛座會以自己的身體為基準感知及行動，所以往往會形成一種絕不虧待自己、總是我行我素地採取行動的傾向。

｜關鍵字｜

慢條斯理、堅實有耐心、謹慎、我行我素、腳踏實地、冷靜、任性、有美感、佔有欲強、貪婪、著重手感、擅長做東西、手作派、溫暖和善、穩重、深思熟慮、反反覆覆、不知變通、不喜歡改變預定計劃、從實力、天賦而來的自信心

｜♉ 金牛座的代表精油｜

廣藿香	穩定心情，抑制因壓力造成的食欲過剩。
快樂鼠尾草	緩和強烈的緊張感、放鬆肩頸。緩解情緒上固執的問題。
玫瑰	愛的象徵。與阿芙蘿黛蒂（Aphrodite）或維納斯女神有關。有調節荷爾蒙作用，對更年期障礙有很好的功效。

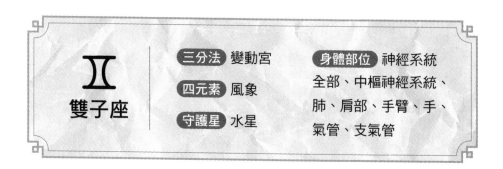

♊
雙子座

三分法 變動宮
四元素 風象
守護星 水星

身體部位 神經系統全部、中樞神經系統、肺、肩部、手臂、手、氣管、支氣管

排列第三的雙子座，好奇心旺盛與反應靈敏是他們的長處。如果四周

有讓他們感興趣的狀況或人事物，他們會立刻加以確認並迅速吸收為自己所用。雙子座的應變能力很強，他們擅長適應各種狀況並靈敏地做出反應。如果說上一個金牛座是以肉體為意識中心，雙子座就是不被任何意識束縛，面對任何影響都能自由地做出決定。這是因為一旦特別糾結或在意某一件事，自由度就會下降。但雙子座有什麼都碰、但卻什麼都不深入的毛病，無論知識或人際關係，他們都習慣以廣而淺的模式遊刃有餘地遊轉其中。除此之外，雙子座也是個能夠適當地活用各種知識領域的星座，只是因為習慣確認周圍的狀況也容易變得神經質，必須特別注意。

｜關鍵字｜

反應靈敏、好奇心旺盛、見多識廣、能言善道、善變、浮躁、淺薄、追求各種變化、善於搶佔先機、求生欲強烈、總想搶先人一步、有點不服輸、容易緊張

｜♊ 雙子座的代表精油｜

歐薄荷	可使頭腦恢復清晰，幫助重整思緒。對於流鼻水等上呼吸道問題也很有效果。
檸檬香茅	促進體液循環、幫助身體排出造成疲勞的物質。調整頭部與身體的平衡。
安息香	有祛痰作用、鎮靜作用等。有加深呼吸、溫熱身體的效果。也可緩解肩頸緊繃。

三分法	基本宮	身體部位	胃、胸（胸部、乳房）、子宮、黏膜、體液、骨髓
四元素	水象		
守護星	月亮		

巨蟹座

　　巨蟹座是一個需要透過與家人、同伴等身邊的人共情、共生培養安全感的星座。他們在人際關係上需要通過感情交流與互相關懷，才能從中發展出人性。在自由自在的雙子座之後，來到巨蟹座需要的可能就是一個能像家一樣讓人歇一口氣、好好療癒身心的場所。再加上守護星月亮，也與安全感及身心療癒、心靈放鬆有關，所以這樣的傾向會更加的強烈。雖然巨蟹座很會顧及身邊人的心情，總能將人際關係處理得很好，但對於陌生場合或初次見面的人，還是很難立刻展開心胸。再加上守護星月亮的影響，他們可能會很抗拒立即表露出自己的內心。

｜關鍵字｜

　　對自己人很好、重視朋友及家人、怕生、為大局著想、決斷能力強、溫和善良、能感受他人心情、不喜歡不熟悉的事物、重複做相同的事、團體中的領袖、和大家一樣才有安全感、善於模仿、做熟悉的事才會感到輕鬆、共情力強

｜♋ 巨蟹座的代表精油｜

羅馬洋甘菊	可緩解所有因壓力而導致的身體不適。幫助穩定內心、找回安全感。也可用於胃部不適。
橘子	調整消化系統、整腸健胃。可用於改善因沮喪導致的食欲減退或抑鬱狀態。
檸檬	轉換心情、重振精神。改善胃部不適、緩解噁心感。

三分法	固定宮
四元素	火象
守護星	太陽

| 身體部位 | 心臟、動脈、冠狀動脈、心肌、身體背部 |

獅子座是一個會通過創造力，將內心燃燒的熱情和衝動宣洩出來的星座。他們很「做自己」，會清楚地表現出自己與他人不同的個性。如果說上一個巨蟹座是透過共情以及與他人的一致性來充電、獲得安心感，那麼到了獅子座就是將這些儲藏的能量爆發出來。獅子座會像孩童一樣單純地想要挑戰自己想做的事情，不會輕易放棄。但也不是代表就只會做自己喜歡的事。獅子座的守護星是太陽，是一個與生活目標有關的重要行星，也就是說他們所表達出來的，就是生活的目標。所以，如果他們想做的事無法順利進行，或到達不了期望的成果時，往往會陷入深深的挫敗感。

｜關鍵字｜

自我主張強烈、喜歡熱鬧、熱愛活動、好強、不放棄、堅持做自己想做的事、不想做的事就堅持不做、女王、唯我獨尊、計劃好的事很難改變、需要人誇獎、喜歡被關注、情緒高昂、只要覺得好就會一心投入、自尊心強烈

｜♌ 獅子座的代表精油｜

乳香	可加深呼吸，放鬆精神情緒。統合身心靈。
伊蘭	改善壓力引起的自律神經失調，穩定血壓。也可用於緩和精神亢奮及驚慌狀態。

甜橙	可調整消化系統。有振奮心情的作用。可改善因情緒低落而引起的食欲不振。使人心情愉悅。
香蜂草	有抗憂鬱的作用。可緩解壓力或緊張引起的心悸、高血壓、驚慌感。

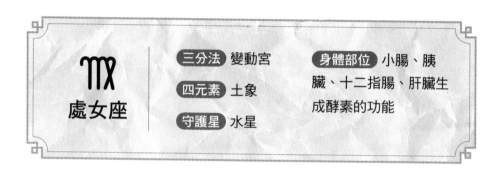

處女座是個善於分析，並擁有計劃能力，任何事都能做得扎扎實實的星座。再加上守護星水星與土象屬性所帶來的影響，也給處女座帶來凡事都能具體且詳細分析並做出判斷的能力。處女座位於 12 星座中的第 6 位，下一個天秤座開始，在本質上就會開始進入與他人有關的領域，所以在這之前的處女座，就是為了能在與人接觸前讓自己達到完善，才會著重在提高自身能力，好讓自己成為一個可以應付各種情況的人。處女座面對外界，經常會表現出界線，這代表的是一種自我防衛心。還有在面對外界之前會先調整好自己的狀態，也與處女座代表的健康或工作有關。

｜關鍵字｜

細心、有禮貌、高實力、工作處理能力強、高分析能力、按部就班、會盡心盡力完成別人交代的事、看重細節、熱愛養生、愛乾淨、整潔素雅、品格高尚

薰衣草	改善因壓力引起的消化功能失調,以及因過度思考造成的失眠。
甜茴香	調整消化系統。促進腸蠕動,改善便祕或消化不良的症狀。
香桃木	自古以來便常用於消化不良、腹瀉的治療,以及因思慮過多造成的失眠。

♎ 天秤座	**三分法** 基本宮　　**身體部位** 腰背部、腎臟 **四元素** 風象 **守護星** 金星

　　天秤座是一個會積極地與人打交道,並願意了解他人的星座。天秤座位於 12 星座中的第 7 個,從這裡開始會進入與人有關的領域。天秤座會開始對他人的存在感興趣,也會開始根據與他人之間的平衡感來維持人際關係。他們擁有客觀的觀點,會根據他人如何看待自己、自己在他人眼中是什麼樣的形象來採取行動。所以在穿著或言談舉止方面,也許就能表現出良好的品味。天秤座對於周遭的問題都能立刻做出反應,並當場做出適當的回答,這樣靈敏的反應也會成為魅力的焦點。只是,無論對任何人都能完美地應對,有時會給人一種八面玲瓏的感覺。但只要能夠一直抱著好奇心及探究心與各式各樣的人交流,一定可以找出與他人的相處之道。

| 關鍵字 |

　　善於交際、能做出很好的反應、喜歡當面交流、容易聽信他人、適應力強、善於讚美、重視平衡、對任何人都和顏悅色、富有正義感、公平客

觀、會經過多方思考再做總結、猶豫不決、在判斷上容易被動搖

♎ 天秤座的代表精油

天竺葵	調整荷爾蒙的平衡。還能刺激腎上腺皮質分泌，提高抗壓性。
羅文莎葉	緩解身心的緊張感，拯救失落的情緒。幫助身心取得平衡。
尤加利	可加深呼吸，幫助心理、生理取得平衡。當人際關係發生問題時，也可幫助心靈重新找回平衡。

天蠍座

- **三分法** 固定宮
- **四元素** 水象
- **守護星** 冥王星・火星
- **身體部位** 大腸、直腸、肛門、膀胱、生殖器

　　天蠍座是一個對於自己以外的某人或某事，都非常深入且非常專一的星座。在這之前的天秤座是會平等地看待任何人與任何事，但天蠍座會在這個前提之下，更加專注在某一人或某一件事，並且更加全心地投入。所以他們對於特定的人物或團體、研究主題等，只要是真正關心的人事物，很容易就會使他們深陷其中。他們擁有敏銳的洞察力與專注力，只要下定決心就會徹底執行。所以他們能夠堅持不懈地挑戰一般人難以克服的困難，並拿出優異的成績。在過程中，天蠍座通常是非常沉浸其中的，所以也可能會發生出乎所有人意料的結果。再加上他們都是在經過深思熟慮後才會表達出自己的意見，在這之前絕不會輕易表露出情緒，所以也常被認為是充滿神秘感的星座。

深沉、不輕易表露內心、踏實穩健有毅力、專業性高、不輕易放棄、積極追求、記恩記仇、重視信任與羈絆、有耐心、會一直忍耐直到臨界點就會爆發（從外界看來是極端的）、埋頭苦幹型、深入探究、來自實績的自信、一體化、整體觀

♏ 天蠍座的代表精油 |

檀香	可用於泌尿道感染。可用來引導深呼吸。在葬禮上經常被當作供香來慰藉亡靈。
歐洲赤松	可刺激腎上腺、提高抗壓性。有溫暖身心、激發專注力的作用。
西洋蓍草	自古以來就被當作止血、治療外傷的藥草使用。可調節荷爾蒙、改善生殖系統問題。

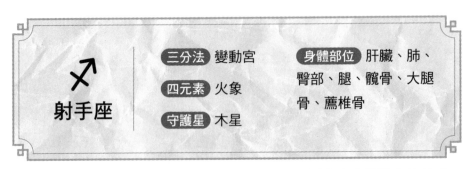

射手座

三分法 變動宮
四元素 火象
守護星 木星

身體部位 肝臟、肺、臀部、腿、髖骨、大腿骨、薦椎骨

射手座是個愛好自由，同時也會追求成長及提高自我精神力的星座。他們擁有大方及開朗的個性，在推動自己想做的事的同時，也能接受他人的意見，這樣開放的心態是射手座的一大魅力。只要是面對能讓自己成長的事物，他們就會很積極有活力地去執行。射手座會擁有這樣的特性，其實有一部分是對於前一個天蠍座的反抗。天蠍座因為過度專注與深入，對自己或對手其實都是一種束縛，所以到了射手座才會對這種不自由感或痛苦感發出抗議，並進化成尊重彼此自由，即使發生碰撞也能秉持著公平公

正的精神找出平衡的狀態。雖然活力充沛可說是射手座最大的長處，但他們也往往會有即使已經累得不行，還是會為了不讓周圍氣氛冷卻而勉強燃燒自己的傾向。

| 關鍵字 |

　　大方、隨便、粗枝大葉、從容安逸、笑臉迎人（即使內心不一定如此）、愛好學習、有上進心、熱愛閱讀、喜歡外國、喜歡討論、切磋琢磨、追求精神力的提升、追求理想、有好東西就想推廣給大家

| ♐ 射手座的代表精油 |

杜松	因為 Hot & Moist 的性質，所以與射手座的守護星木星有關聯。有淨化作用。可促進身體排出造成疼痛原因的物質。
佛手柑	緩解神經緊張的同時，也擁有振奮心情的作用。
葡萄柚	由於果實碩大的模樣與木星相似，所以才被歸類與木星相關。有促進肝臟分泌消化酵素的作用。可幫助身體排出老廢物質。
山雞椒	可促進氣血循環、增強免疫力。也可用於沮喪或失望所造成的情緒低落。

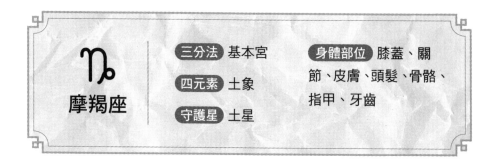

摩羯座 ♑	**三分法** 基本宮
	四元素 土象
	守護星 土星
	身體部位 膝蓋、關節、皮膚、頭髮、骨骼、指甲、牙齒

　　摩羯座是一個會按照自己所屬社會及其規則行事的星座。摩羯座是 12 星座中的第 10 個，因為 10 這個數字有象徵圓滿之意，所以摩羯座在人類

的成長階段中，不僅有象徵圓滿成人的意思，也有要求自己符合社會大眾普遍意識的涵義。再加上土象和基本宮都象徵著積極性，所以也連帶影響了摩羯座參與社會活動的主動性，使他們對於社會參與、社會建構都有很高的意識。再加上他們總是非常冷靜又認真地執行這些活動，所以也能以成熟的姿態獲得大家的信任，一步一腳印在自己的世界站穩腳跟。摩羯座也很擅長觀察自己身處場合的整體結構，然後積極地展開他們認定當前最必要的行動。雖然有時會被認為野心勃勃，但這也是因為他們對於推動社會有著雄心壯志，才會惹來這樣的偏見。

｜關鍵字｜

認真、可靠、做事腳踏實地、可信賴、成熟、老成、有自制力、擅於創建框架與系統、可因應所需迅速處理、社會貢獻、社會或公共意識、守秩序、喜歡陳舊的規矩、古典風

｜♑ 摩羯座的代表精油｜

岩蘭草	是天然的鎮定劑。有深層的鎮靜作用並可給心靈帶來安全感。也可緩解關節疼痛。
薑	萃取自根部的精油。有溫熱身體、促進血液循環的作用。也可用於緩解因受涼引起的腸胃不適。
茶樹	澳洲原住民的萬能藥。有刺激免疫系統、提高身體抵抗力的作用。還有抗菌作用。為心靈帶來克服困難的力量。

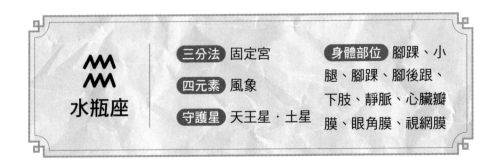

水瓶座

三分法　固定宮
四元素　風象
守護星　天王星・土星

身體部位　腳踝、小腿、腳踝、腳後跟、下肢、靜脈、心臟瓣膜、眼角膜、視網膜

水瓶座是一個需要通過人際關係的擴展，來建立未來藍圖的星座。不管什麼人，頭銜、出身或性別都不是他們會在意的重點，他們看重的是人的個性與本質，且會以此為考量決定要不要繼續加深往來。相對於前一個摩羯座著重在以當前的社會中心活動，水瓶座則是遠離社會中心的，擁有全球化且客觀的視角，而且能站在前瞻角度上發表觀點。所以在某些情況下，他們可能會比較容易參與矯正社會現狀或推動改革的活動。水瓶座在與人相處上雖然都保有一定的距離感，但由於天生的友愛精神，使得他們的人際關係都是非常堅固且持久的，所以常會給人朋友很多、在每個領域都擁有廣大人脈的感覺。但因為這種對待任何人都一樣的疏離感，使他們連對戀人或家人也一樣，所以也常會給人留下冷漠的感覺。

｜關鍵字｜

冷漠、討厭起伏、朋友很多、喜歡與人交往但也喜歡獨處、單獨行動、古怪偏執、沒有上下階級觀、一律平等、說話沒大沒小、對所有人都一樣、喜歡與很多人來往、有前瞻性、與眾不同、很有個性、不合群、帶著獨立的個體性與人交往

｜♒ 水瓶座的代表精油｜

橙花	緩和固定宮星座特有的強烈神經緊張與自律神經失調。也可用於緩解心悸等循環系統失調。對於用腦過度導致的身心疲憊也很有效果。
尤加利	呼吸系統（風元素）與守護星土星有關。可用於調整呼吸、紓解思維上的阻礙感。
萊姆	與守護星天王星有關。提高氣的循環、促進思維轉換。

三分法	變動宮	身體部位	腳、腳尖、淋巴系統、免疫系統全部
四元素	水象		
守護星	海王星・木星		

雙魚座有非常強大的共情能力，對任何人都非常友善，心懷想治癒所有人的大愛精神。將 12 星座比喻為人生成長階段的話，排列在最後一位的雙魚座，能夠看透事物的本質，並將目光聚焦在人心無法好好處理的情感與想法上，他們能夠同理這些心理並加以純化、淨化，從中找出解決之道。因為敏感的感受力，讓他們對任何人都很容易共情，所以遇到有困難的人，他們總是會伸出援手，無法視而不見。再加上守護星海王星的影響，他們也很容易牽涉到肉眼不可見的玄秘事件或夢境之類的事。再加上他們行動的動機往往都是為了多數人而不是自己，所以很難用大眾的眼光理解他們，也因為這樣，使他們常被認為是「難以理解的人」。不過，因為這種總為大眾著想的心態，也使他們總是能夠吸引想像不到的未來及好運。

｜關鍵字｜

心地善良、柔軟、優柔寡斷、懂得包容、心志堅定、奉獻精神、捨己為人、為他人而行動、重視他人更勝自己、會同情陌生人、共情力強、療癒系、讓人放鬆型、難以理解型

｜⯓ 雙魚座的代表精油｜

| 茉莉 | 抗憂鬱、滋補作用。幫助身心融合、為生活帶來喜悅。 |
| 沒藥 | 在古埃及就是製作木乃伊的原料，用以慰藉亡靈。能喚醒靈魂最深處的純粹。 |

玫瑰草	促進身體淋巴的流動，消除水腫。有抗菌作用，可用於足癬的治療。
花梨木	提高免疫能力，幫助病後恢復。在療癒心靈方面，是效果十分良好的精油。

PART

5

什麼是宮位？

表示人生具體
走向的「宮位」

宮位是根據出生日期時間、出生地點，以東地平線為基準劃分而成的十二個區段。並以東地平線（上升點；ASC）為起始點，逆時針反轉劃分出第一～第十二個宮位。

每一個宮位都有一個特定的關聯主題，例如第二宮代表的是金錢、第三宮代表溝通、第四宮代表家庭等，**每一個人會根據他們所具有的傾向、環境及狀況，形成不同的配置。**

宮位也像十二個星座一樣分別代表不同的課題。但是宮位是根據地上的、每個人的出生地點等對應出來的，可以看出每個人各自的金錢觀或人際關係等傾向。也就是說，以太陽繞行軌道為基準的星座，看的是天上的、抽象的、類似於氛圍的部分，而以個人的出生地點為基準的宮位則是看地上的、具體的、實際情況的部分。

劃分每一個宮位的交界線稱為宮頭（Cusp）。順時針方向的交界線就是每一個宮位的宮頭，特別是第一宮的宮頭稱作上升點（ASC；Ascendent）、對向第七宮的宮頭為下降點（DSC；Descendant）、第十宮的宮頭稱作天頂（MC；Midheaven）、第四宮的宮頭稱作天底（IC；Immum Coeli），都有特別的意義。

行星會結合各個宮位所代表的活動領域，展現出主要的行為模式。例如，水星（代表知性、創造力）落入代表金錢與天賦才能的第二宮時，可以解讀出這個人可能擁有寫東西、談話方面的天賦，並能以此當作賺錢的工具。水星落入與興趣、玩樂有關的第五宮時，則可解讀出這個人可能善於收集自己愛好事物的資訊，或者擁有會使用到知性的興趣等。

　　在醫療占星術方面，宮位也與星座一樣，與特定的身體部位有關聯。同樣的，與各個宮位有關的精油，大多也可以用在對應的身體部位，或用來為每個宮位所代表的活動領域，提升能量或減輕心理負擔。

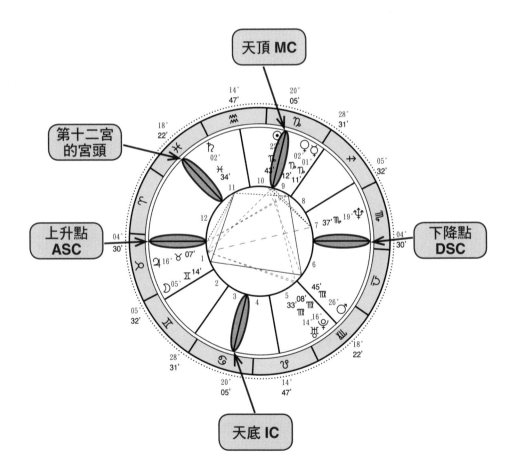

各宮位的解說
與對應的精油

本章將針對各個宮位的作用與代表的精油進行說明。精油的部分將針對與每個宮位的關聯性做重點的解說。

第一宮
（上升點 ASC）

象徵 真實的自我

身體部位 頭、臉、眼、鼻、基本的體質、與生俱來的能量

第一宮所展現出來的人格特質，代表的是一個人最本能的部分，但可能會因為過於自然，使得本人也難以察覺。特別是第一宮的起始點也就是宮頭的部分，又稱為上升點（ASC）。從上升點落入的星座，可以看出一個人最真實的一面是什麼樣的狀態。

這種自然而然出現的行為，雖然自己很難察覺，但在他人眼裡是很明顯的特質，所以第一宮也代表一個人的「第一印象」。進入第一宮的行星，通常是我們本人不太能意識得到的，但是會構成他人眼裡的印象。

比方說，當第一宮有金星落入時，從本人的角度可能就只是自然地享

受事物、熱愛打扮等。但從別人的角度看來，就會構成一個時尚、快樂的形象。

| 第一宮的代表精油 |

乳香	加深呼吸、鎮靜心靈，找回最真實的自己或幫助重建自身的內在核心。
萊姆	幫助頭腦恢復清晰、釐清思緒。
百里香	促進新陳代謝、減輕疲勞感。提高行動力。

第二宮

象徵 資源、天賦才能、金錢等

身體部位 喉嚨、頸部、口部

　　一個人最重要的資源就是身體，所以只要是與身體有關的要素都與第二宮有關，例如與生俱來的天賦或資質，以及維持生命所需、保護身體安全所需的物質也都是看這個宮位。除了維持生命所需的食物、保護身體用的衣服或其它資源之外，購買這些物品用的金錢也是第二宮很重要的象徵。第二宮可以看一個人賺錢及花錢的方式，好好運用落入第二宮的行星本身具備的資質，也許就能以此生財。

| 第二宮的代表精油 |

| 安息香 | 激發腳踏實地的安全感、賦予心靈滿足感。 |
| 橘子 | 可用於緩解壓力引起的食欲不振及消化器官不適。帶給心靈安全感、促進消化。 |

廣藿香	強化身心之間的連結，幫助身心穩定的同時，也可恢復行動力。

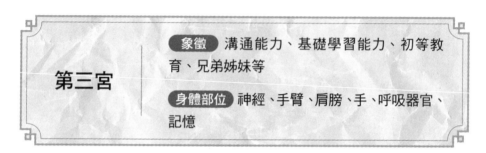

第三宮

象徵 溝通能力、基礎學習能力、初等教育、兄弟姊妹等

身體部位 神經、手臂、肩膀、手、呼吸器官、記憶

第三宮與一個人適應外部環境的能力有關，學習對外展示自身能力所需的基本技能，還有知識和訣竅，都是第三宮所代表的主題。除此之外，第三宮也與生存所需的技巧（閱讀、寫字、計算等）及其相關的學習有關，所以也代表初等教育。

第三宮的代表精油

檸檬	使頭腦清晰、恢復精神。有加溫作用，可促進腦部血液循環、活化思緒。
苦橙葉	有鎮定效果，可幫助高漲的心情恢復平靜。有助眠效果。
香桃木	改善呼吸系統失調。低刺激性，老人小孩皆可使用。

第四宮
（天底 IC）

象徵 家與家庭

身體部位 胸部、橫膈膜

第四宮的起始點宮頭又稱為 IC（天底；Immum Coeli），代表的是建立一個人最原始精神世界的團體，所以是與家人有關。這個精神世界會成為人心中的憑藉，所以也是象徵心理基礎的重要關鍵。如果想看一個人在什麼樣的場合或團體中可以感到安心或舒適，即可看第四宮。

在發展西洋占星術的西歐世界，通常都是由父親制定家庭的基本方針，所以第四宮也與父親有關。

第四宮的代表精油

岩蘭草	萃取自植物根部的精油，沉穩的香氣可為身心帶來安全感。
檀香	加深呼吸、鎮定平穩心情。也適合用於冥想。
沒藥	統合情感上的混亂，並帶來腳踏實地的安心感。

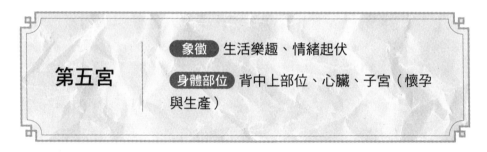

第五宮

象徵 生活樂趣、情緒起伏

身體部位 背中上部位、心臟、子宮（懷孕與生產）

由於第五宮也象徵像孩童一樣坦率地表達喜悅、快樂及興奮的情緒感受，所以也被視為與玩樂、戀愛以及個人的興趣有關的宮位。只是第五宮所象徵的戀愛，與其說是實際上的戀愛，更多的還是自己理想中的戀愛模式，或會讓自己心動的情境等，比較像是自身所追求的愛情形態。

山雞椒	有滋補、增強免疫力的作用，身體虛弱時可用於增加體力、恢復氣力。
歐薄荷	幫助思緒保持清明，也可以讓呼吸變得輕鬆、放鬆心情。
玫瑰	有滋補子宮、調整荷爾蒙平衡的作用。幫助敞開心胸、讓內心充滿愛與喜悅。

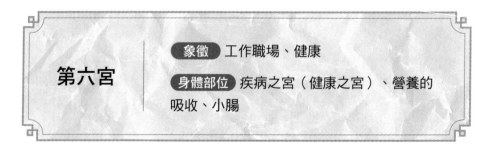

象徵 工作職場、健康

身體部位 疾病之宮（健康之宮）、營養的吸收、小腸

由於從第七宮開始會進入與他人、社會等環境有關的領域，並正式與外界產生聯繫，所以在這之前的第六宮，表現出來的就是在與這個社會互動時，自己會做些什麼或如何去適應這個社會等工作態度。

與外在環境的關係會對身心造成不小的負擔，一旦負擔累積到了一定程度身體就會生病，為了調整這種狀態，健康也成為第六宮的一大關鍵。在醫療占星術或運用占星術的療法中，第六宮也是非常重要的參考宮位。

| 第六宮的代表精油 |

薰衣草	可緩解壓力引起的消化系統失調、失眠等問題。
杜松	促進體液循環，幫助排出身體多餘的老廢物質與水分。
玫瑰草	可用於病毒性腸胃炎。也可用於壓力造成的腸胃不適。

第七宮	象徵	人際關係、夥伴關係或敵對關係
（下降點 DSC）	身體部位	腎臟、腰

　　如果把正好位於對宮的第一宮當作是「我」，那麼第七宮就是「你」。而在「我」的身邊有眾多的「你」就是所謂的人際關係。第七宮的宮頭稱為下降點（DSC；Descendant），在星盤上的位置正好位於上升點的正對面。上升點與下降點落入的兩個星座，也會形成相對的關係，兩個星座正好可以形成一種如凹與凸一樣，彌補彼此缺陷的關係。

　　也就是說「我」所欠缺的，是「你」所擁有的。而「你」所欠缺的，也可以由「我」來彌補的相輔相成的關係，所以才會有所謂夥伴的象徵。只是，在意識到彼此是互補的之前，會感覺像是被人指謫缺點一樣，所以才會有敵人或敵對關係的象徵。

第七宮的代表精油

苦橙葉	可紓解人際關係導致的壓力。穩定情緒、消除不安感。
天竺葵	可調節肌膚油水平衡。有刺激腎上腺的作用、提高抗壓性。
歐薄荷	保持思緒清明、活化溝通表達能力。

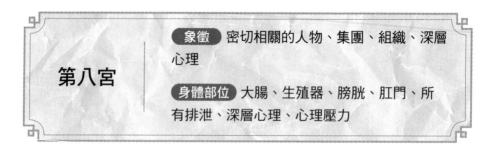

第八宮

象徵 密切相關的人物、集團、組織、深層心理

身體部位 大腸、生殖器、膀胱、肛門、所有排泄、深層心理、心理壓力

　　第八宮位於第七宮的下一宮，所以也與「你」（周圍的他人）所帶來的資源或金錢有關。而且，由於必須配合對手或集體的狀況採取行動，因此一直以來也被視為與「死」（表示抑制個人欲望的意思）有關的宮位。雖然凡是以對方為先會讓自己過得有點壓抑，不過也有可能從中獲得回報，像是用盡心力幫助他人而獲得金錢報酬、依照集體（如公司）指示行事而獲得薪資、以誠相待用心照護病人而獲得遺產等，都是與第八宮有關。

| 第八宮的代表精油 |

絲柏	可調節女性荷爾蒙，緩和經前症候群引起的煩燥感。
伊蘭	調節荷爾蒙平衡、修復性功能。
歐洲赤松	通過刺激作用重振精神、提高專注力。

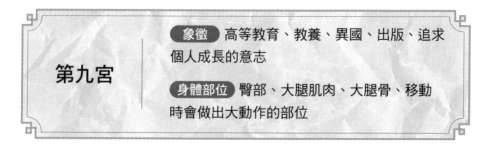

第九宮

象徵 高等教育、教養、異國、出版、追求個人成長的意志

身體部位 臀部、大腿肌肉、大腿骨、移動時會做出大動作的部位

　　第九宮代表的是意志的擴張與成長，也就是提升自我、擴展視野，所

以也象徵著精神的成長。像是上大學學習、出國旅行，不僅可以得到豐富的知識、擴展視野，還能提升自我、磨練精神力。

相對於位於對宮的第三宮象徵的是具體的專業技能，第九宮則是象徵一個比較抽象，而且是大框架的方針或意義。如果只有第三宮那些實踐性的知識而沒有整體觀，或者只有第九宮的大方針而欠缺實用性都是不行的。雙方還是需要相輔相乘，人才能獲得成長。

｜第九宮的代表精油｜

冷杉	調節呼吸系統、提振身心，緩和焦慮或心情上的堵塞感。
葡萄柚	幫助體液循環，促進體內老廢物質的排出。改善肥胖問題。
羅文莎葉	可用於肌肉痠痛。從不安或緊張中解放、擴展視野。

第十宮
（天頂 MC）

象徵 社會（名聲、地位、成就）
身體部位 膝蓋、關節、骨骼、皮膚

第十宮代表的是社會，可以體現出一個人在社會上扮演什麼樣的社會角色。第十宮的宮頭稱為天頂（MC；Midheaven），是人在出生的那一瞬間，黃道帶與子午線交叉的最高點，所以這一點也代表人在一生中可以抵達的社會頂點。由於顯現的是一個人在社會上會有什麼表現，因此像名聲地位、事業成就是看這個點。

第十宮與象徵家庭、家人的第四宮，也是相輔相成的關係。這是因為在家裡獲得力量，才能到社會上工作；在社會上工作，也才能豐富家庭生

活。相對於第四宮象徵的是父親，第十宮則是象徵母親。這也反映出從孩子的角度看來，母親才是為家庭生活經營做出實質貢獻的人。得到母親的認同或讚揚就等於獲得了社會認可，這也是為什麼人長大了之後，還是會努力想獲得社會認可。

第十宮的代表精油

雪松	整理內心，並刺激大腦、提高專注力。
茶樹	對呼吸道或皮膚感染可快速發揮作用。
沒藥	保護肌膚、加速傷口癒合。

第十一宮

象徵 對未來的展望、志同道合的同好或朋友

身體部位 腳踝、小腿肚、血液循環、靜脈

由於第十宮象徵的是社會，所以下一宮第十一宮，則有再邁進一步、朝向未來的含義。在這裡可以看出未來想做的事，還有對未來的願景。以及在社會中活動時，吸引而來的志同道合的人們。這些人可以是同好，也可以是朋友。雖說是同好或朋友，卻不是那種嚴肅的關係，而是指有共同興趣的人，或者泛指在各個領域所能結交到的人脈，都是從這個宮位來解讀。

第十一宮還代表來自社會立場不同的人脈或關係所舉辦的活動，所以也與志工活動或政黨活動有關。再加上不涉及地點和所屬團體，所以第十一宮也與網路世界有關。

苦橙葉	可用於循環器官。除了有鎮靜作用之外，也可用於緩解不安或壓力引起的心悸。
天竺葵	促進血液循環，調節全身的平衡。
葡萄柚	促進體液循環、促進體內排出多餘水分及老廢物質。

第十二宮

象徵 隱藏的事物或肉眼不可見的關係、看不見的敵人

身體部位 腳、免疫系統、淋巴系統、心理要素、精神官能症等精神疾病、壓力導致的疾病

　　因為是最後一宮，所以無法歸類到第一宮到第十一宮的事情全都可以在這裡解釋。由於看不見的部分都是屬於這個宮位，所以像占卜之類有關靈性世界的領域都是屬於這一宮，還有網路或媒體等、與不特定多數人之間的聯繫，也因為無法看見對方的真面目而分類在這一宮。再加上它是第一宮的前一個宮位，所以也與自己看不見的內心或精神方面的壓力有關。相對於第六宮代表的是身體上的健康，第十二宮掌管的則是心靈上的健康，雙方可說是互補的關係。在心理治療上也是非常重要的宮位。

| 第十二宮的代表精油 |

馬鬱蘭	促進血液循環、緩和虛冷及水腫，也可用於肩頸僵硬及肌肉痠痛。
快樂鼠尾草	可舒緩因不安或壓力導致的精神混亂。
檀香	幫助加深呼吸，紓緩因壓力等心理因素造成的混亂或恐慌感。

PART 6

從星盤診斷
來進行「療癒」

星盤與整體性
的觀點

整體性（Holistic）指的是什麼意思？

現在可能在很多地方都能看到或聽到這個詞。但其實整體性原本是屬於生物學的領域，做局部分析時雖然看不到，但被認為是寄宿在全體中的性質。後來一名南非哲學家揚・史末資（Jan Smuts）受此影響，才開始在自己的著作《整體論與進化》（*Holism and Evolution*，1926 年出版）提倡這個理論。

「Holistic」這個詞，是來自於希臘語「Holos（全體、總和）」。與 Holos 屬於同一語源的還有 whole（全部、完全的）、salūs（健康：拉丁語）、health（健康）、heal（治癒）等。現在這樣的理論，除了整體醫學或整體教育之外，也常被運用在經濟學、政策、社會、精神、語言體系等各種領域中。

人在看事物時，都習慣從自己最容易看見的視角進行分析並理解，但視角往往都會發生偏差。例如，說到健康問題時，人們關注的往往都是檢查結果的數值或病況，而忽略了本人的心情或環境等因素。教育也是，人們通常都會比較重視成績或學歷，而孩子們的心理發展或創造力，可能都變成次要的。

任何人都很難做到全面地去看待事物，但是，星盤就擁有著人們很難做到的全面性。像是從十二個星座可以窺見一個人從出生到靈魂歸去之間的成長與變遷，同時也能體現出人的各個方面。

　　在占星術中，雖然會以十個行星落入什麼星座來看一個人的傾向，但沒有任何行星落入某星座，並非表示這個人就沒有這個星座的特質。從它進入哪一個宮位，星座特質也會通過該宮位發揮出來，然後體現在人生中的各個節點。

　　星盤當中包括潛在的、外顯的，也有社會性因素、個人因素等，以及肉體、情感與靈魂等，這些全部會形成一個系統。從另一個角度來看，這一點不也表示人類的存在本身就具備整體性？就這一點，占星術確實可以說是一個具有整體性觀點的技術。

「療癒」是什麼？

（1）從小行星凱龍星看療癒

　　在西洋占星術中，我們看星盤基本上都是以十個行星為中心，但天空中實際的星體除了行星之外，還有規模比較小的小行星。在西洋占星術中，也是以次要的角度來解析這些小行星，而其中就有一個稱為凱龍星的小行星。

　　凱龍（Chiron）是取名自希臘神話中半人馬族的賢者凱龍，它是一個在土星與天王星之間，以橢圓形軌道繞行週期為 50 年的小行星。凱龍是半人馬族，據說他從阿波羅（Apollo）身上學到醫術與音樂，又從阿提米絲（Artemis）身上學到狩獵的技巧，最後將所有的療癒之術都傳授給阿斯克勒庇俄斯（Asclepius）。

　　身上流著神之血統的凱龍，有一天捲入了海克力士（Hercules）與人馬族的戰爭，而被流竄的毒箭射中。但凱龍是流著神之血的不死之身，所以即使他深受中毒所苦，也無法就此死去。在痛苦之下，他最終將不死的力量讓給其它神，選擇了死亡。

　　因此，凱龍這個小行星才有了「療癒傷痛之手」及「心靈深處的傷痛」

的含義。凱龍星被發現於西元 1997 年，那一年英國完成了首次的體外受精技術，所以凱龍星也被視為「先進醫療」的象徵。

綜合以上所述，我們可以看到凱龍星有「心靈深處的傷痛」、「療癒」、「醫療」等主題，接下來就讓我們再深入看看其中的構造。

凱龍星的繞行軌道有一部分擦過土星的軌道，有一部分則是通過了天王星的繞行軌道，所以它看起來就像是穿行在土星與天王星之間一樣。在古典占星術中，還只能觀測到土星為止的行星，直到進入近代，觀測技術和計算技能都有了進步，才觀測到天王星及之後的幾個行星，這些行星也是從這時候開始，才加入現代占星術的基本觀測行列中。

在某種意義上，土星與天王星代表了古代與現代的分界線，又或者是肉眼可知與未知的分界線。那麼在這兩者間穿行而過的凱龍星，也能理解成現代與古代之間的橋樑，將兩者連接了起來。

至於與先進醫療有關的體外受精技術也是一樣，比起將它理解為一項超乎醫療極限的先進技術，不如解讀成無法順利受孕者的救贖。再加上凱龍本身是半人半馬，也是半神的形象，所以凱龍星代表的「療癒」，主要還是基於「介入」或「填補空缺」的作用。

（2）療癒指的是什麼？

那麼，現在讓我們再將注意力轉向「療癒」這個主題。說到「療癒」，我們應該可以輕易地聯想到像是緩和肉體的病痛、消除精神上或情感上的苦痛，或者是幫助心靈恢復平和的狀態。現代的人們，無時無刻不在承受壓力，所以會有尋求療癒的傾向，這也是為什麼「療癒系」一詞，以及各式各樣的療癒小物會隨處可見充斥在大街小巷中的原因。

前面也提過「療癒」一詞與 whole（全體的、無缺的）有關，從這一

個角度來看，療癒也許可以說是彌補一個人的空缺，或者是恢復他的完整性。但即使說是彌補空缺，也很難說清楚到底是缺了什麼。也許就是因為這樣，「療癒」才會給人留下因為有所不足、有苦痛，才需要去彌補、去消除的印象。

但如果什麼都沒搞清楚，那也別說什麼彌補或消除了不是嗎？於是我們才需要去靠近那些不足或苦痛，然後深入地了解它們。小行星凱龍星所代表的有關療癒的「介入」或「填補空缺」，就是連結這些不足與苦痛的橋樑，也可以說是靠近這些根源的媒介。接著，在發現了根源之後，我們便可以開始將它們當作自己的一部分去理解與接受，而不再當成異物一樣拒於門外，最終跨過心中的那道橋樑，這就是療癒的過程。

西洋占星術就是從整體性去探索這些。透過行星與行星、星座與行星間的關係，可以詳細地看出一個人心中的苦痛，以及讓內心感到不足或自卑的關鍵點。占星術從整體性的角度，掌握所有在療癒的過程中所需要的關鍵點，再將行星與星座表現出來的象徵當作橋樑，逐步地去理解與接受。所以，西洋占星術也可說是一個推動療癒過程的技法。

需要注意的重點

如果說星盤是展現一個人整體情況的地圖，那就不能不從整體的、局部的各種不同的視角去解讀。接下來的這章，將針對療癒來說明我們可以從哪一個關注點解讀星盤。

（1）看星盤的整體狀況

■ 行星的配置

首先請先看星盤的整體配置。

此時入眼的可能會是星星集中在星盤上半部、分據兩側，或分散在整個星盤等狀態。然後先就這樣的配置，從宮位的角度開始解讀。

宮位的下半部（第一～第六宮）與個人主題有關；上半部（第七～第十二宮）則是與社會主題有關。從哪一邊分布了較多的行星，即可看出一個人會以個人層面優先或以社會層面優先。

宮位的左半部（第一～第三宮、第十～第十二宮）區域是以「自我」為主活動的宮位；右半部（第四～第九宮）則是以「他人」為主活動的宮

位。從行星的分布偏向哪一邊，也可以看出一個人會優先考慮自我，還是會比較重視他人的反應。

像這樣，從行星特別聚集的區域，可以看出在這個人心中什麼是最重要的，或者說在他的生命中，他最重視的是什麼。行星的分佈狀況是分散的，表示他的注意力會分散在各種不同的面向；集中在一個特定的區域，則表示他會比較專注在某一個課題上，在其它方面往往就會疏於關心。但無論星盤的配置如何呈現，都能大致看出一個人對事物的認知或他的意識傾向。

- 三分法與四元素

你也可以進一步從星座的分類去討論，三方法是依照行動模式，四元素則是依照不同的元素特性，表現出這個人不同的星座特質。

（2）從月亮進行分析

月亮可說是像「海綿」一樣的行星。年齡週期在 0～7 歲之間，也就是在這個時期，人會一步步地吸收周圍的一切、情感的表現方式，並且無意識接收每個場合的行為反應。特別是親近的人物或家人，尤其是母親的態度或行為舉止，是這個時期最容易吸收模仿的對象，所以月亮又代表了母親的狀態。

然後這些吸收到的東西，就會塑造出一個人的性格、情感傾向和基本的行為模式。但月亮落入的星座，會因為元素的不同，出現不同的關注方向。比方說，即使在同一個環境下長大的兄弟姊妹，如果月亮落在土象星座，那他們可能會比較關注在父母親現實方面的舉動並且去模仿，但如果是落在水象星座，那可能就會比較關注父母親的情緒，也比較容易共情。比方說打翻飲料時，月亮在土象星座的孩子會冷靜地拿抹布擦乾淨，但水

象星座的孩子會因為害怕惹父母生氣而哭泣……類似這樣，不同的元素會產生不同的行為反應。

在醫療占星術中，月亮則是被視為與身體或肉體有關的行星。

只是，0～7 歲時提供衣服、食物、住所，並維持肉體健康的都是父母親。所以父母給予安全的住所、日常生活所需的柴米油鹽或基本的食衣住行等，都會無意識地進入到一個人的常識中。

但是，每一個家庭的日常狀態差異都非常大。就像有的家庭早餐會吃白飯和味噌湯，還有擺滿了整個餐桌的豐富小菜，但也有的家庭會以簡單的吐司、飲料或水果解決。甚至有些家長還會因為睡得晚，就讓孩子自己隨便吃點零食麵包裹腹。

這些模式對孩子而言就是無意識的日常，也就是極為理所當然的光景。大多數人會一直到長大後在朋友家留宿，或與別人同居、結婚，才發現自己的「理所當然」與他人的「理所當然」是不一樣的。

像這樣「理所當然」的日常，也可稱為生活習慣。生活習慣就是，不知不覺地吃下什麼、日常會採取的行動等，最終構成了一個人的肉體與精神狀態。

月亮也是掌管一個人情緒放鬆的行星。由於月亮本身反映的就是一個人在幼年時期處在安全狀態下的習慣，所以只要愈接近幼年時習慣的狀態就愈能得到安全感，也愈能感受到自我。「放鬆」雖然是抽象的，但就生理學上而言，也是一個與肌肉放鬆有關的詞彙。

人的身體只要處在無法安心的狀態，肌肉就無法放鬆下來。身體一旦哪裡感到緊張，可能會無法入眠、無法充分獲得休息，結果就造成身體的負擔。所以獲得安心感的「放鬆」，對身體而言是非常重要的。在心理方面進行治療時，如果治療師和客戶之間無法建立這種關係，那不僅是身

體，可能連心理都無法好好照顧到。所以也請各位治療師一定要記得，在面對客戶時，了解他的月亮狀態（落入的星座或宮位以及與月亮有關的相位等）是非常重要的。

如果是月亮在雙子座的客戶，那只要能放鬆下來他就能變得侃侃而談。儘管他們的情緒看似浮躁不安，乍看之下會誤以為他們對治療的過程是不是有什麼不滿，但其實可能只是因為他們太緊張了，請試著從這個角度理解他們。

也就是說，在月亮的星座或月亮的宮位有關的情境下，會比較容易使人放鬆。所以只要在治療室中使用客戶的月亮星座代表精油擴香，就能為客戶打造出「能夠安心的場所」，除了可以幫助他們消除緊張感，也一定能為治療過程帶來更好的效果。

月亮還是一個守護身體安全的行星，它能幫助自己遠離外界的威脅。特別是位於大腦中央下側的杏仁核（Amygdaloid），就被視為是月亮代表的器官中與感覺關係最密切的。杏仁核通味覺與嗅覺，能夠瞬間分辨出攝取的東西是否能讓人安心。在進行芳香療法時，精油的香氣是否讓人感到舒服，就是由杏仁核來區辨。被杏仁核認定為「不舒服」時，大腦會立刻分泌出腎上腺素與去甲基腎上腺素，刺激交感神經，使心跳上升並增加肌肉中的血液量，催促從中逃離（但近年來也有另一說指出會陷入靜止狀態）。

幫助身體遠離危險的作用，也就是保護身體的作用。像是焦慮或恐懼，雖然乍看之下就是無法平靜、心神不定的情緒反應，但這其實就是與月亮有關的保護身體作用。所以，不安恐懼與安心放鬆，也許就是貫穿整個月亮的主題，可以說是一體的兩面。

■ 解讀月亮狀態的方法

解讀月亮的狀態時，首先應該看看月亮位於哪個星座以及哪個宮位。

從這兩點，即可看出這個人擁有什麼樣的內在傾向、在什麼樣的場景下能夠充分地放鬆。當所處的環境或狀態不利於身體放鬆，或是無法獲得充分休息時，月亮星座和月亮所在宮位對應的身體部位會比較容易出問題。所以當這些部位感到不舒服時，也可以解讀成是月亮感到負擔而發出的訊號。

✦ 與月亮有關的精油 ✦

月亮精油，或與月亮星座、月亮所在宮位有關的精油，可以穩定一個人的內心，給心靈帶來踏實的感覺。特別是感到焦慮不安或找不到歸屬感，心中被恐慌感籠罩時，可以帶來很好的效果。與月亮有關的身體部位（星座、宮位的代表部位）出現不適感時，就表示月亮感到負擔了，建議使用月亮的精油或與月亮星座、月亮所在宮位有關的精油來療癒月亮。

實際上應該如何解讀，請一邊看範例並跟著我們看下去（見第 108 頁）。

☽ 月亮星座 ☾

星座	說明
牡羊座	精神力飽滿。直覺強，會靠直覺活動。一想到什麼會立刻執行。也有事情發展一有不順就會焦躁起來的傾向。
金牛座	緩慢、踏實、有自己的步調。擁有穩定的人格特質，面對在意的事情就會積極地去做。熱愛美食、音樂，只要滿足五感就能放鬆下來。
雙子座	好奇心旺盛、行動敏捷。情緒容易隨著周圍的狀況起伏。有時會有躁動不安、難以平靜下來的一面。
巨蟹座	溫柔善良又愛哭，但只要是為了夥伴或自己人，就會積極展開行動。只會對可以信任的人展露出自己的真實情緒。
獅子座	對於自己想做的事情，會積極地傾注所有的熱情。但相反的，如果發展不順利往往會格外的沮喪。
處女座	不太會表露自己的情緒，但非常純真且心思細膩。有時會因為過於在意小細節而顯得浮躁。
天秤座	面對任何人都細心有禮貌，且能夠尊重對方的思想與作法。所以月天秤的四周很容易聚集人，是個擁有好人緣的星座。但也有容易被四周意見左右想法的傾向。
天蠍座	善於忍耐，不太表露自己的情緒，但是一旦忍耐到了極限就會大爆發。所以要注意不可讓月天蠍過於忍耐或勉強自己。
射手座	個性大方，好像天生擁有輕鬆愉快的氣場，但即使有了煩惱，月射手也不太會表現出來。不會說「NO」，所以經常會在本人毫無自覺的情況下累積壓力。
摩羯座	認真、老實又老成。有隱藏自己情緒的傾向。心裡一旦有了壓力就很容易反應在身體上。被傳統的人事物包圍時會使他們感到放鬆。
水瓶座	知性、情緒起伏不大，沒有上下階級觀。不拘於世俗。時不時會被說是怪人。與任何人都能平等地交往，所以朋友很多。
雙魚座	心思細膩，擁有高共情能力，比起自己更容易與他人的感情產生共鳴。接觸到大自然會使他們的內在穩定下來。

☽ 月亮所在宮位 ☊

宮位	說明
第一宮	擅於表達自我情感。雖然被動，但對事物都能敏感反應。共情力高。
第二宮	對女性或小孩的共情力猶如天賦一樣，會有從事這類職業獲取報酬的傾向。滿足衣食住行的需求就能獲得安全感。
第三宮	透過言語溝通及實際行動可以感到舒適並獲得安心感。對生活的小智慧有強烈的興趣。
第四宮	非常渴望擁有像家一樣能夠安心下來的場所。有容易受到母親影響的傾向。
第五宮	傾向在開心的玩樂中尋找舒適感。愈是焦慮不安，就愈需要點什麼來重振心情。
第六宮	可能會因為身體狀況的關係，從小就過著節制的生活。適當的工作可以使他們的心靈平靜下來。
第七宮	會習慣性在意他人想法，容易與他人產生共鳴。雖然很容易受到他人的影響，但由於情感直接又坦率，因此很受人歡迎。
第八宮	容易對特定的人物產生強烈的共鳴，並會從為對方盡心盡力的過程中獲得安心感。會通過沉迷於某種事物來建立自己的信念。
第九宮	通過閱讀等心靈之旅可以獲得平靜。在學校或涉及文化教育的場合會感到如魚得水。可能有海外居住的經驗。
第十宮	從小就會依據處境行事，經常成為關注焦點所以很少會有平靜的時候。適合有女性、小孩圍繞的職業。
第十一宮	與朋友或同好相處會感到安心並展現出真實的自我。參與志工活動或社團活動會顯得特別有活力。
第十二宮	感受能力強，需要一個人獨處的時間。在大自然中可以得到心靈的平靜。

☽ 月亮與其它行星的相位 ☽

		吉相位	凶相位
水星	☿	擅長以言語表達心情、擅於靈活運用一些小巧思	心口不一、神經質
金星	♀	樂於享受事物、品味好、對時尚有靈敏的眼光	有沉迷於玩樂的傾向
太陽	☉	可以在工作與日常生活間取得很好的平衡、個性開朗	不擅長在工作與日常生活間取得平衡
火星	♂	有行動力、專注力高	有衝動行事的傾向、容易過於專注於某事
木星	♃	溫柔、有包容心、上進心強	雖然溫柔，但會有過於寵溺他人的傾向
土星	♄	認真且耿直、守紀律	認真，但可能會被過度守紀律所苦
天王星	♅	個性獨立、常有一些靈巧的創意	常有突然想獨處的傾向
海王星	♆	對於看不見的東西會有敏感的反應、氣場柔和	容易被看不見的東西煩擾
冥王星	♇	很會忍耐、內在世界強韌	很會忍耐，不過一旦超出極限會情緒大爆發

> ### 「星盤範例（第108頁）的月亮」

　　範例中星盤的月亮，落入的位置是摩羯座第五宮。這樣的人格特質基本上是認真、凡事都能穩步進行的類型。而且位於第五宮，表示這個人很有可能會對傳統或規則性完整的事物感興趣，或者從事這類的活動會讓他們感到放鬆。

再加上它與第一宮的金星處女座，呈現了很好的相位角度，所以這個人可能會很喜歡一些小細節或精緻的事物，也會比較容易注意到支微末節的小事。

精油的選擇　　在這個範例中，月亮是落在摩羯座第五宮，所以可以使用月亮精油中的羅馬洋甘菊與快樂鼠尾草，加上摩羯座精油中的茶樹、岩蘭草，還有第五宮的代表精油山雞椒與歐薄荷，即可調出一支可幫助穩定心靈的配方。

還有，因月亮與金星處女座形成了很和諧的角度，所以加入金星精油像是天竺葵或玫瑰，也能帶來好像在享受什麼的舒適感，並讓身心放鬆下來。

（3）上升點（上升星座）

上升點指的是第一宮起始點宮頭的位置。

上升點是一個人出生的那一瞬間，東地平線的位置。它代表一個人給人的整體感覺與氣質。這些特質一般自己很難感受到，但從他人眼裡通常都會很明顯表現在整體狀態上，所以也代表一個人給人的第一印象。

上升點表示的行為模式一般都不容易意識到，而且是很自然的。所以從行為傾向來看的話，可能比較傾向於一個人的氣質或個性。而會出現什麼樣的傾向，則是看上升點落在哪一個星座，也就是上升星座。

落入第一宮的行星也會為那個人的特質增添色彩。只是上升點代表的就是自己，所以即使行星已經很自然地發揮作用，本人也很難實際感受得到這個作用。

在醫療占星術中，上升點也代表一個人的基本體質。特別是上升星座

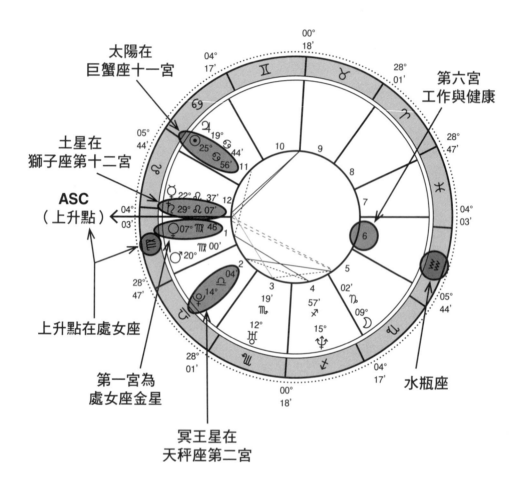

星盤範例

太陽在
巨蟹座十一宮

第六宮
工作與健康

土星在
獅子座第十二宮

ASC
（上升點）

上升點在處女座

第一宮為
處女座金星

冥王星在
天秤座第二宮

水瓶座

Y 小姐
1978 年、上午 7 時 50 分
生於東京都

代表的身體部位，可能會在年輕時發生問題，或者是當無法按照自我意願行動時，這些部位就會成為反應出壓力的訊號點。

✦ 與上升星座有關的精油 ✦

與上升星座有關的精油，可以激發出一個人的自我。特別是在工作上或人際關係中感到壓力，或因為迎合對方而感到疲憊時，可以幫助你找回自我。

此外，當想要做點什麼，卻遲遲無法踏出第一步時，與上升星座有關的精油也可以成為背後的一股助力。

「星盤範例（第 108 頁）的上升點」

請看範例中的上升點。這個星盤的上升點落在處女座，代表這個人是比較實務，而且比較壓抑，也有凡事都要追求完美的傾向。除此之外，第一宮還有金星落入處女座，所以也表示這個人可能擁有細緻且優雅的美感或品味。

在醫療占星術中，處女座對應的身體部位是消化系統及免疫系統，所以當感到無法好好表達自我時，可能就會以肚子痛、拉肚子、感冒等症狀表現出來。

精油的選擇　處女座的代表精油有薰衣草、甜茴香、快樂鼠尾草等，這類精油有激發自我的力量，或許有助於按照自己的步調前進，或者在失去動力時可以幫助自己看清現實的因素，讓自己能夠自然地向前邁出一步。

星座	行為傾向
牡羊座	看直覺立即行動。有時會有先行動後思考的傾向。
金牛座	會慢慢地、踏實地以自己的步調行事。傾向於透過五感判斷後再付諸行動。
雙子座	情報獲取能力強、會再三確認後再採取行動。 對於想知道的事，自己就會率先地動起來。
巨蟹座	行動前會先確認環境能否讓自己安心、周圍有沒有能產生共鳴的人，找到安全感的依據後才行動。
獅子座	對於自己想做的事，會主動投入。 有時會以一步也不能停的覺悟全力付出。
處女座	先分析整體情況，再適當地判斷後展開行動。 有時會有過於注重小細節的傾向。
天秤座	善於從對手那裡獲取情報，然後在各方權衡後，制定出最佳的行動方案。
天蠍座	著重於本質，會將自己認為最重要的事物置於中心，然後毅力十足地向前邁進。
射手座	善於掌握整體情況，會以能夠促進自我成長的事物為中心採取行動。
摩羯座	善於掌握事物架構，再適當制定出符合現況的最佳行動方案。
水瓶座	會先整合外部情報與他人意見，經過判斷後冷靜地採取行動。
雙魚座	會敏感地感受到周遭的氛圍或人心的動向，也會盡可能配合四周的步調。

（4）從太陽進行分析

太陽象徵的是一個人的人生目標，以及為了實現目標所採取的行動及

行動的方向。太陽象徵的課題，基本上都能從星座、宮位、相位解讀出來。但是做不做是可以自己決定的。

上升，或月亮、水星、金星這些個人行星（第 26 頁），它們所屬的特性都是日常中常見的，而且是屬於那種會自動切換開關進入狀態的，但是從太陽開始之後的火星、木星、土星及土星外三王星，都是必須有意識且積極驅使它們，才能好好發揮作用的行星。

再說得簡單一點，也就是說月亮或上升的特性都是無意識的，但星盤中心的太陽，就是屬於必須自己發覺，才能有效經營起來的類型。所以，與太陽課題有關的各種行為，與其說是自然形成的特質，不如說是為了他人或工作，而努力去營造或創造出來的立場或態度會更接近一點。

只是從周圍的人眼裡看來，這些行為是自然而然的，而被視為一種猶如個性般的要素。也因為如此，太陽才會被認為是「外在的形象」。比方說，當太陽落在天秤座時，會表現出願意傾聽他人想法、對他人的意見可以立即做出反應，雖然對本人而言有努力去實踐的感覺，但從他人眼裡看來，可能就只是一個好說話、反應快的人。

太陽的課題是在主動、積極展現的過程中鍛鍊出來的。而且，它不一定是自動的、有如命中注定般降臨的。首先要從發現它開始，即使發現了也不一定就清楚這是自己生命中的主要課題，而是在暗自摸索的過程中磨練出來。

雖然看起來會像是在為沒有目標的事情傾注精力，但據說只要是與太陽有關的課題，都會很神奇地讓人感受到滿足感與成就感。這些小小的成就一旦積累下來，也許就能確信自己正走在人生課題的道路上。

話雖如此，太陽若是沒有好好地發揮，會讓人感到人生中好像少了什麼一樣。所以，即使工作績效很好，或已經從事對社會有益的職業、擁有高收入等，在社會上已經算是獲得還不錯的成就，卻仍感到好像哪裡不滿

意、得不到成就感時，就應該對照星盤檢測看看，太陽是不是有好好發揮作用。這也是在考慮療癒的問題時，觀察一個人除了身心問題，靈魂是否有被滿足、人生道路上是否有好好發揮整體性時，可以參考的一個點。

✦ 與太陽有關的精油 ✦

如有此情況，可以將太陽精油加上與太陽星座、太陽所在宮位有關的精油進行調配使用，幫助自己聚焦在人生目標上。除了可以重新確認人生的方向，也能喚起意識，讓自己的太陽能量好好運用到當前的工作中。

太陽和土星或土星外三王星有相位時，內心對與太陽有關的活動會有非常高的期待，所以也可能因為難度過高而有逃避的念頭。如有這種情況，建議可以再加上與土星、天王星、海王星、冥王星有關的精油。這會使你更加輕鬆地接受來自行星的影響，即使面對非常困難的目標，也能一一跨越過去。

「星盤範例（第 108 頁）的太陽」

範例中的太陽位於巨蟹座第十一宮。此人面對與未來有關的事物時，會渴望與志同道合的人交心並合作完成。再加上木星巨蟹座的距離也很近，所以這個人可能會有必須讓社會變得更好的意識，因此會傾向在公眾的目光下展開活動。再加上它與第一宮的火星處女座形成吉相位，這也表示此人在採取行動時會做好妥善的安排，擁有細緻入微的推動能力。

精油的選擇 如想為此人製作一支可以提高太陽力量、為他獨一無二的人生道路提供支持的精油，可以使用太陽精油迷迭香、廣藿香，以及巨蟹座精油中的羅馬洋甘菊、橘子，還有第十一宮精油中的苦橙葉及天竺葵等，再配合自己對香味的喜好調整比例。此外，如想提高推動力，還可添加有吉相位的火星精油（歐洲赤松、黑胡椒）。

（5）從土星進行分析

土星是展現一個人成熟面貌的行星，也被認為是代表人生成就的行星。對一個人而言，能夠執行土星所在星座及宮位有關的行動，就是長大成人的指標。

當把土星展現出來的成熟樣貌與當下的自己做比較，卻感到自己無論如何都做不到完美時，就會意識到自己距離成就達成還非常遙遠，進而產生無力感、劣等感或自卑感。

但是，接受還不完美的自己，然後努力成為自己心目中的樣子也是一種成長。面對自己不擅長的一面雖然痛苦，但擁抱這種感覺並持續挑戰，在日積月累之下，一定會愈來愈靠近自己心中的那個理想模樣。

只是，在這個過程中難免還是會感受到壓力十分龐大。事實上，即使已經如願成為自己心目中的模樣，在土星的作用下還是會感受到一定的壓力。特別是年輕時，往往會強烈感受到與土星有關的壓力。

這一點也是因為愈是年輕，距離目標中的模樣就有愈大的落差。然後在適當的壓力下逐漸成長……如果只是這樣的程度都不是什麼大問題，但如果因為過度的壓力感到焦慮、喘不過氣或快崩潰時，那就是嚴重的心理負擔了，這時必須設法解決。

使用土星精油或與土星星座、土星相位有關的精油，可減輕在追求成熟形象的過程中感受到的壓力。但最重要的還是應該好好面對這些課題，並積極地做出應對，也要不時審視自己是否過度在意這些問題。

從位於對宮的星座，就能找到解決問題的線索。

例如從每個元素的代表特質來看，火象星座（牡羊座、獅子座、射手座）的人認為自己的事就該自己做、活出自己的風格就是成熟的大人了，

那麼如果讓他們遇到什麼事都必須自己解決的狀況時，也許就會比別人感到更大的壓力。

如果有這種情況，對宮風象星座也許就是提示。從另一個角度客觀地看看自己實際的情況或狀態，可能就是解決問題、緩和壓力的開端。即使是因為自己做不好而感到沮喪，但試著從客觀的角度看自己的狀況，並從中獲取意見，也許就能判斷出自己是不是真的做不好，並重新確認自己的所處的現狀。

土星位於土象星座（金牛座、處女座、摩羯座）時，在他們的認知中，通常都會認為能拿出具體、肉眼可見的成果並留下實績，才是真正的大人。這樣的話只要能拿出成果那就沒問題，但如果無法如願，往往就會給心理帶來沉重的壓力。

對此，則需要對宮水象星座的特質來平衡。比方說，可以請四周的人說說看對自己的做法有什麼感想或意見。也許會得到比較尖銳的反應，但如果能得到正向的回饋，像是「你看起來很滿足、很快樂」，或許也可以重新奠定自己的決心，確信自己沒有做錯。

風象星座（雙子座、天秤座、水瓶座），他們需要做出客觀的判斷、還需要舒服的人際關係，但現實上絕對客觀非常困難，想要的資訊也是查也查不完。所以，這很容易就能判斷出，自己知識的不足和社交能力低弱，就是他們的壓力來源。

對此，重新審視火象星座的個人意願，應該可以有效遏止住壓力繼續累積。像是反問自己查找資訊的目的、是否真的需要客觀就是很好的方式。最重要的是接受自己能力有限，也認清知識是永無止境的事實。

水象星座（巨蟹座、天蠍座、雙魚座），則常有因為無法好好顧慮到他人而指責自己的傾向。如果能從土象星座的視角，認清自己也只有一副身體，有自己的能力範圍，也許就能為無止境的自責心理踩下煞車。

像這樣，除了使用與土星有關的精油之外，觀察客戶的土星狀態，並提出建議以幫助客戶找出解決問題的線索也非常重要。

土星在醫療占星術中，也用來表示身體不適的部位。

這裡的「表示身體不適的部位」，指的是土星星座、土星所在宮位代表的身體部位容易感到不舒服的意思。對此雖然有不同的解釋，但目前最多的還是在於上星因素造成的負擔給心理帶來壓力，並影響到對應的身體部位。

反過來說，當土星星座、所在宮位對應的身體部位感到不舒服時，就意味著土星的作用已經強到對心理造成壓力了，所以使用土星精油或與土星星座、宮位有關的精油重新調節，也許就能得到面對這些壓力的勇氣與能量。

✦ 與土星有關的精油 ✦

與土星或土星星座、所在宮位有關的精油，大多都帶有鎮靜的作用。當過於在意土星所代表的成熟形象而感到壓力過大時，這類精油有助於恢復心靈的平靜，也能幫助自己重新審視壓力的原因、有效減輕壓力。在積極地面對與土星有關的行動時，這類精油也能為這段不斷積累成長的過程帶來支持的力量。

範例中的土星，是落在獅子座第十二宮。第十二宮代表的是肉眼不可見的要素以及網路的連結，或與不特定多數人之間的關係。土星落在這個位置時，考慮到獅子座的因素，代表在網路上或與不特定多數人的關係上，可能會對表達自我或表現獨創性感到困難。另外也可能會有即使對一些不可見的可疑事物產生懷疑，也容易在不知不覺間被身邊強勢的人影響而產生動搖的傾向。

獅子座代表的部位是心臟、循環系統以及上背部，十二宮代表的則是腳和淋巴系統、免疫系統，所以循環系統的問題、背部或腿腳疼痛、頻繁感冒等，都請當作是與土星有關的壓力帶來的訊號。

精油的選擇　要減輕與土星有關的壓力，可以使用土星精油絲柏、雪松，再加上獅子座的乳香、伊蘭以及第十二宮的馬鬱蘭、快樂鼠尾草，適當地調整比例。這個配方也很適合用在與網路有關的情況，或需要面對不特定多數人的場合中使用。

（6）從冥王星進行分析

冥王星是有關於生死的行星。換句話說，象徵的是一個人潛意識中的冥界，也與生死之際有關。它代表的是一個人心中的「死亡」與面對「死亡之際」時潛意識中的理想圖。

但冥王星並不是一個能被明確意識到，也不是能自主運用的行星。它代表的是意識最深層的部分，會表現出一個人潛意識下的情緒與行動，以及恐懼和心中最在意、最糾結的一部分。所以人們有時也會因為必須做點什麼或不能做點什麼的急迫感，而做出一些不知原由的行動。

從冥王星落入的星座與宮位，可以看出這種如咒語一樣的糾結感或急迫感究竟來自何處。冥王星通過一個星座需要 12～20 年，所以就某個意義上，可以說是形成了一整個世代。所以從冥王星也能看出一整個世代的傾向，或像是集體潛意識一樣的心理。

例如，出生於 1971 年～1983 年間的人，他們的冥王星幾乎都是落在天秤座。冥王星天秤座的世代，可說是對夥伴關係或人際關係最有焦慮感的世代。比方說，在他們的內心深處，常會認為不被他人認同的人如同沒有活著，他們對於人際關係，或者與婚姻、夥伴有關的事情往往會放入過多的情緒。在他們的深層心理中，可能會認定人不能不結婚、夫妻必須是平等的，當達不到這個目標時就會倍感壓力。

不過另一方面，這樣的人即使在人際關係上面臨考驗，也還是能抱著「反正就這種程度也不會死」的心態，發揮他們堅強的忍耐力。

他們在面對讓自己感到急迫的事情時會非常全力投入，所以有時可能會發揮出超乎尋常的能力。但面對其它不感興趣的事情，卻又會表現出漠不關心，從這一點也可看出冥王星極端的特質。

有關於冥王星的特質，即使能夠意識到自覺的困難，也很難摸索出更好的相處之道，但藉由占星術從側面一一釐清，也許就能漸漸提高意識、並解開心中那些執著與急迫感。

✦ 與冥王星有關的精油 ✦

冥王星精油和冥王星星座、所在宮位有關的精油，可以幫助我們意識到深藏於內心深處猶如死亡一般的急迫感究竟是什麼，給內心提供支持的力量（如激發忍耐力或徹底做點什麼的力量），並保護心靈不被那些情緒過分左右。

☽ 冥王星星座 ☾

星座	行為傾向
牡羊座	相當重視自己的生活必須順從自己的意願。也很重視新事物新生活的環境。在面臨死亡威脅時往往可以發揮出超常的力量。但有時可能會因為糾結於自身的意願而魯莽行事。
金牛座	非常在意金錢和物質，對於可以保護自己的場所還有衣食住行等都非常講究。一旦在這方面無法得到安全感就會發揮強大力量。
雙子座	很需要能夠自由作主的環境，以及能夠自由掌控所有人際關係或關係網的環境。非常重視資訊來源，會思考生存之術。
巨蟹座	面對氣味相投、性情相近的人們、家人、場所就會非常講究。當必須遠離能給自己安全感的人時，行星的力量就會開始發揮起來。但對家人也常有因為重視而過度保護的傾向。
獅子座	當感到做自己太困難了，或無法感受到人生喜悅時，會感到絕望，甚至認為與死亡無異。有時會過度主張做自己。
處女座	會因為無法詳細地管理事物，保持不了自身完美、達到不給人添麻煩的信條而感到絕望，甚至認為等同於死亡一樣。容易糾結於得把事情做到最好，而無法放鬆下來。
天秤座	非常需要能與自己互相協調的同伴以及人際關係。需要避開讓自己感到孤獨的情況。會因為他人而將自己的事往後放。
天蠍座	會強烈要求能深入交流的人物、團體或能夠深入研究的主題。會將最重要及最重視的人放在首位，面對其它事物就會表現出無關緊要的態度。
射手座	非常追求自身成長，還有閱讀學習的環境以及自由。面對無法自由行動或得不到自我成長的機會時就會感到痛苦。會極力地逃脫束縛自己的一切。
摩羯座	十分重視能夠保障自己周圍的社會和安全的機制。渴望回饋社會。規則意識強烈，但有時會因為過於拘泥而反被束縛。
水瓶座	對未來充滿強烈的希望，也很渴望能有一個跨區域、與更多人交流的場所。對於狹隘社會的規則經常感到痛苦。追求公平，當發現偏差時就會徹底做出改善。
雙魚座	非常渴望一個每個人都能安穩生活的世界。當遇到有困難的人可以激發出他們強大的能力。常有傾力幫助他人卻忽略自己的傾向。

範例中的冥王星落在天秤座第二宮。由於天秤座重視夥伴關係，第二宮則是與金錢、天賦才能有關，所以這個人可能非常會忍耐、講究身邊東西的品味，或者會認為維持良好的夥伴關係需要花費金錢，進而解讀出他有一種必須公平地使用金錢的緊迫感。

精油的選擇 為了能意識到這種與冥王星有關的緊迫感或極端的部分，以及提高忍耐力或力量，或許可以使用與冥王星有關的精油。如冥王星精油中的絲柏、雪松，再加上天秤座的天竺葵、羅文莎葉，第二宮的安息香、橘子，適當選擇調配，也許就能調出一支可以緩和金錢或人際關係問題或壓力的精油。

（7）從第六宮及第十二宮進行分析

在一般的西洋占星術中，第六宮代表的是健康與工作，但在醫療占星術中，第六宮則是代表疾病。這是因為接下來的第七宮到第十二宮代表的是公共領域以及外部社會，但第一宮到第六宮則是代表個人領域，所以第六宮可說是連結自己與外界的一個接點，也可以理解為調整自己以與外界接軌的階段。只要外界與自己的信念是相符而沒有任何落差時，那麼彼此間的關係就會是順暢的。反之，如果之間產生落差時就會形成壓力，繼續加重惡化就會變成疾病反應在身上。

在第六宮這種與外界之間的落差感，是以物質表現在身體上，但在對宮也就是代表肉眼不可見的事物的第十二宮，則以肉眼不可見的形態，也就是精神面的影響表現出來。

本來第一宮和第十二宮的交界，也是自身與外在環境的交界，所以第十二宮也可以說是調整之下的結果。只是，近年來有關於精神方面的問

題，大多都被認為是大腦神經傳導物質的問題，所以即使我們認為那也是一種身體上的反應，但由於沒有具體的哪裡疼痛或不舒服，而只是反應在心理狀態上，所以才會交由負責不可見事物的第十二宮來掌管。

至於第六宮，則是看宮頭落入的星座來解讀。比方說，若在環境的適應上感到困難時，該星座所代表的部位就會比較容易出現訊號。再加上第六宮也象徵著在進入第七宮之前需要的調整準備，因此當人際關係出現壓力時，與第六宮有關的身體部位經常就會出現不適的反應。

✧ 與第六宮、第十二宮有關的精油 ✧

使用第六宮或第十二宮代表的精油或各自宮頭落入的星座有關的精油，可以緩和因為外界（人際關係）的摩擦所帶來的壓力、減輕精神上的壓力。只是，如果實際出現了生病的症狀，請務必前往醫院就診。

「星盤範例（第 108 頁）的第六宮、第十二宮」

範例中的第六宮，宮頭落在水瓶座，第十二宮的宮頭則在獅子座。

也就是說，當這個人在對人或對外的關係上感到壓力時，水瓶座的代表部位，如靜脈、循環系統、腳踝等處會比較容易出現狀況，所以當有腳痠、水腫、腳踝扭傷或疼痛等反應時，請留意看看是不是精神上的負擔太大了。

而十二宮落入的獅子座代表的是上背部循環系統，所以當出現背痛、高血壓或心律不整時，也請當作精神壓力過大的訊號。再加上十二宮還有水星及土星落入，所以當水星掌管的神經系統、呼吸系統出狀況，或土星代表的骨骼、指甲、頭髮出現什麼問題時，也有可能是因為精神上感受到壓迫感。

若無法正確得知出生時間時

　　不知道出生時間，就無法確定上升點，也無法利用宮位做解讀。如有這種情形，可以從行星與星座間的關係或相位關係來解讀星盤。

　　請暫且將出生時間設定為中午 12 點。因為月亮一天會移動 12 度，要是設定在凌晨 0 點，那麼從 0 點到實際的出生時間點最大可能有 12 度，也就是要考慮到 12 度的誤差。所以設定在 12 點（正中午），到實際的出生時間點前後都在 6 度以內，也就是最多誤差只有 6 度，那麼繪製出來的星盤誤差才能減至最小。宮位的計算方法請參考「太陽星座系統」或「太陽系統」設定。太陽星座系統會將太陽落入星座的 0 度設為上升點，太陽系統則是將太陽的位置設為上升點。為了方便起見，暫且利用太陽的位置來決定宮位。

全方位解讀星盤（實例）

　　解讀星盤之前，請先逐一確認一下前述各個章節項目，再開始全面進行解讀。首先我們要了解到，有行星落入的星座或宮位，代表這個人對該星座或宮位所象徵的領域，會有比較強烈的意識，依據不同情況，這些領域有可能就是他的壓力來源。

　　比方說，第八宮有行星落入時，表示這個人可能會對他視為很重要的人傾盡全力，或為了滿足對方的期待付出大量的精力。然後可能會因為在意對方而煩惱憂慮，或感覺被對方束縛住而變得壓抑。

　　雖然很難完全地解讀出星盤上的所有要素，但只要多多注意上述的幾項要點，及隨時留意星盤上所有的配置，還是能夠解讀出很多要素。

　　接下來，我們先參考下一頁的星盤解讀範例，將星盤的解讀步驟重新確認一遍。

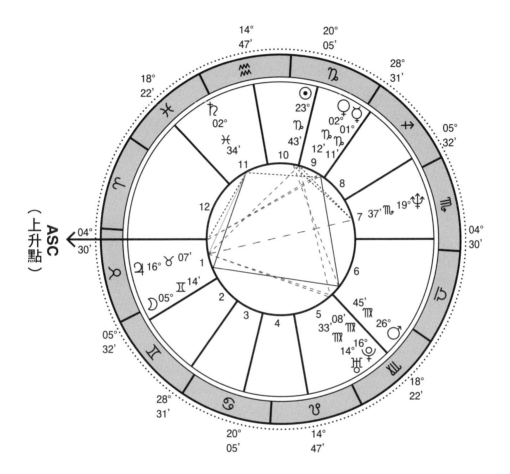

S 小姐
1965 年 1 月 14 日上午 11 點 30 分
出生於仙台市

◆ 月亮的狀態 ◆

月亮落入的是雙子座。這樣的人好奇心旺盛，有任何在意的事會立刻查清楚並付諸行動，非常有行動力。由於月亮位於第一宮、第二宮的交界處，所以若以第一宮做解讀的話，表示這樣的特質會直接展現在此人的行為舉止上，但若以第二宮解讀，則表示此人會積極地探詢有關飲食及身體相關的資訊，並講究心情上的滿足。

落入第二宮的行星，也代表天賦才能以及賺錢的方法，因此月亮落在第二宮就代表此人對於女性或小孩會有很強烈的同情心，以及可能會透過向人們提供資訊來賺取金錢。

接下來看相位，這裡的月亮與位於雙魚座第十一宮的土星呈現 90 度的相位。這就表示，土星對月亮的影響會是比較嚴重的（參考第 31、106 頁）。相對於雙子座講究的是資訊吸收及知性面，雙魚座則是會比較在意不可見的事物及考慮不特定多數人的心境。綜合之下，可能就會表現出容易因為想東想西而導致混亂的傾向。

至於第二宮的月亮所表示的有關身體安全感方面的問題，在受到第十一宮土星的影響，代表可能需要考量未來性的要素再制定對策。再加上星座特質的影響，可以解讀出眼前的資訊，不應滿足於短時間的安心或安全感，而是需要考慮到未來可能發生的種種因素，同時也包含人際關係上的心情感受。

而且這個人小時候可能曾經發生過，因為對未來的事缺乏準備，或在人際關係上忽略了別人的感受而遭到斥責，或被捲入什麼糾紛的經驗。

針對月亮的精油配方

首先是與雙子座有關的歐薄荷，然後第二宮是橘子，再加上與土星形成相位，所以還可以使用與土星有關的尤加利，即可減弱土星過度發揮的

能量，並調節到能與月亮形成和諧且相輔相成的狀態。

◆◆ 上升星座 ◆◆

上升星座落在金牛座。所以這個人在進行任何事時都會非常在意自己的感受，而且基本上是很我行我素的。這樣的人通常不會勉強自己的內心，凡事都要先仔細衡量周圍的物質情況，才會對自己發出「GO！」的訊號。在醫療占星術中，金牛座代表的是喉嚨與頸部、下顎等部位，因此當身上出現喉嚨痛、脖子痛或下顎出現狀況時，可能就是表示目前所處的環境或狀態無法好好地發揮或表達自我。

針對上昇星座的精油配方

若要為他的上升星座選擇精油，建議使用金牛座的精油廣藿香。廣藿香可以保護心靈不被外在因素影響，引導他重視自身內在的感受，幫助他找回自己的步調。

◆◆ 太陽的狀態 ◆◆

太陽落在摩羯座第十宮，與第六宮火星處女座形成 120 度的相位。這樣的配置代表這個人在社會上的表現是非常積極且活躍的，不管做任何事都會認真投入，很容易在社會中嶄露頭角。

而且，它與象徵工作及健康的第六宮火星處女座之間形成吉相位，這樣的關係也表示，會因為細心的工作態度及堅定的專注力達成目的。

從與健康有關的領域上，這個人也很擅長利用自己敏銳的眼光與分析力，並藉此為自己的地位添磚加瓦。雖然從這個很棒的星盤配置看來，這個人應該可以很專注且仔細地投入在工作中，並逐漸建立起自己的社會地

位，但因為過度拼命而搞垮身體的可能性也不小，這或許就是需要特別注意的一點。

◀ 針對太陽的精油配方 ▶

若想要調配出一支可以提高太陽能量，激發自己人生目標的配方，可使用太陽精油中的迷迭香、廣藿香，摩羯座精油的岩蘭草，以及第十宮精油的沒藥等，再根據本人對氣味的喜好，以最佳的比例調配而成。或者再添加與火星有關的精油，或與處女座、第六宮有關的精油，就能成為一支可增強行動力並激發工作精力的配方。

◆◆ 土星的狀態 ◆◆

在月亮狀態的部分已經有說過，這裡的範例是土星落在雙魚座第十一宮。土星雙魚座，代表的是這類人對於不特定多數人，有特別強烈的共情力，而且即使是肉眼不可見的事物，他們也能夠敏感地感知，並會積極納入考量。再加上位於第十一宮，所以對於朋友關係或未來，他們都能敏銳掌握住微妙的變化，並且會追求凡事都能先穩穩地做好預測再進行。

再加上第十一宮土星最重要的一點，就是對於未來非常慎重，再融合雙魚座的個性，會使得在心境等事物的細微變化上，都會要求得滴水不漏完全掌控。這一點也表示他們對未來及對人際關係，隨時都是高警戒狀態，所以可能會經常被焦慮感或緊張感糾纏，而展現出浮躁、難以平靜的模樣。

◀ 針對土星的精油配方 ▶

可以選擇土星精油的絲柏或雪松，加上雙魚座的花梨木、第十一宮的葡萄柚，適當地調整比例，建議可在對未來感到焦慮不安時使用。

◆◆ 冥王星的狀態 ◆◆

冥王星落在處女座第五宮。由於落入的位置非常靠近第六宮，所以在解讀時也必須考慮到第六宮的要素。

這樣的人對於玩樂或興趣（再加上是處女座，所以特別是細膩且精緻的、與健康有關的）會有貫徹到底執行的傾向。如果從第六宮解讀的話，則可解讀為一種心理恐懼，對於工作或健康不允許出現任何差錯，面對任何事都必須追求到細緻完美。

因此，可以看出這樣的人認為活著就是要全力工作、全力玩耍，但在第六宮冥王星的作用下，他們也有過度沉迷於工作而搞壞身體的傾向，因此需要特別注意。

針對冥王星的精油配方

建議從冥王星精油的絲柏、雪松，處女座的薰衣草，第五宮的山雞椒或第六宮的杜松中選擇幾種，讓內心能在享受玩樂與興趣中感受到生活的喜悅，同時也緩和面對工作時的過分緊繃感。

◆◆ 第六宮、第十二宮 ◆◆

第六宮的宮頭落在處女座、第十二宮的宮頭落在雙魚座。表示當在對人或對外感到壓力時，會比較容易反應在處女座代表的部位，如出現腹部不適的症狀。所以說，如有腹瀉或腹痛的狀況，可能就是心理感受到壓力了。再加上火星落在第六宮，所以像是血壓上升、不明原因的發燒、感冒等，也可以解讀為是否有不適應外部環境的情形。

第十二宮的雙魚座代表的則是腳、淋巴系統，所以如果身體出現水腫等狀態，也請當作是精神壓力的一種表現。

針對第六宮、第十二宮的精油配方

建議適當地使用與處女座或雙魚座有關的精油。

 ### 需要特別注意的地方

第一步，首先應該傾聽客戶的訴求。

像這個範例中的當事人，主訴是因為最近的地震而感到嚴重的焦慮。面對不知何時會發生的地震，也就是對未來的預期性焦慮的表現（土星、第十一宮），所以解讀的重點應該放在月亮及土星上。再加上土星與月亮形成相位，綜合之下，前述中提到與月亮有關的精油，就是這一次主要的推薦精油。

但如果客人主訴的是「工作過於忙碌，一點也不能鬆懈」時，那麼就應該從太陽或第六宮的火星過度運作，造成不良影響來切入。於是就要改從與太陽有關的精油著手。

或者也可以將出現不舒服的部位納入考量，對照星盤解讀這些部位的代表行星或星座，再選擇添加有關的精油也是非常好的方式。

PART

7

從不同目的看精油
的使用法與配方

從不同的目的
看精油的使用法

本章將針對不同的目的，介紹精油的使用方法。首先會從行星及星座上的特質分析各個常見的心理狀態，再從占星術上的各種對應關係，解說可以利用什麼樣的精油或配方才能化解這些問題。

你可以直接使用說明中提到的精油，也可以對照星盤，從星盤的配置了解每一種心理狀態與行星、星座之間的關係再做適當的選擇。

情緒低落

情緒低落主要有兩大因素。

其中之一是與土星有關的課題。土星代表的是自己的理想狀態與心目中成熟的形象，因此當比較過後發現自己無法達到那樣的理想時，往往會有自責的情緒，並因此陷入沮喪的情緒中。在這種情況下，可以使用土星精油，或參考星盤中土星落入的星座或宮位，選擇與這些星座或宮位有關的精油，幫助自己冷靜接受理想與現實的差距，並將之轉換為接近理想的行動力。

另一項因素是，當固定宮（金牛座、獅子座、天蠍座、水瓶座）中落有太陽、月亮或上升點時，也經常會感到情緒低落。這是因為固定宮普遍有在做任何事都喜歡仔細做好安排，再扎扎實實往期待中的結果邁進的特質。一旦在過程中被打斷，或無法獲得預期的效果時，他們很容易因為這種本應好好進行的事無法如願，無法得到預料中的結果而大失所望。雖然他們有很強的執行能力，但相對的也有很執拗的一面，所以一旦面臨無法順利進行的局面，往往就會陷入非常深的沮喪情緒。

建議精油

像這種時候，建議可以使用與太陽、月亮、上升星座同一元素，並屬於變動宮星座的精油。例如，月亮在金牛座的話，那就可以使用同為土象星座，但分屬於變動宮的處女座相關精油。

其它像是獅子座可以使用射手座的精油、天蠍座使用雙魚座的精油、水瓶座則使用雙魚座的精油。經由元素上的調和，變動宮的精油可以緩和固定宮的執拗，引導他們意識到實現目的並非只有一條道路，減輕面對不順利時的灰心、氣餒感。

悲傷

悲傷是來自於劇烈的喪失（與人離別或失去機會等）伴隨著失落感的一種情感。失去的東西存在意義愈大，愈不容易填補。所以，療傷需要非常長的歲月，但即使如此也常有以為已經痊癒，卻又突然湧上心頭的情況發生。

面對這種悲傷情緒，木星的精油也許可以帶來很好的效果。木星有接納與包容的特性，可以幫助我們接受造成悲傷情緒的經驗，並溫暖情緒，

給心靈支持的力量。再加上木星的精油大多都有激勵作用，可以幫助心情振奮起來。再參考星盤，加入與本人木星星座、木星所在宮位有關的精油，即可展開一個最適合本人心理狀態的療程。

因失戀或情傷造成的悲傷，可使用玫瑰或茉莉精油。

與死別有關的悲傷，則建議使用絲柏。因為絲柏是來自於希臘神話中，一個失去了最寶貝的鹿而陷入深刻悲傷的少年的故事。絲柏有平復情緒、紓緩內心波動、恢復心情平和的作用，有助於釋放情緒以及解開心結。

失望感

對未來失去希望的感覺與太陽有關。當太陽能量降低，或生活、工作與太陽對應的活動發生偏差時，人可能會有一種失去人生方向的感覺。

這種時候，可以使用太陽精油，或參考星盤，添加與太陽星座或太陽所在宮位有關的精油，以增強太陽的能量，也有助於心靈順利地意識到自己的目標方向。

木星也有引導內心以樂觀的心態看待未來的作用，所以添加與木星有關的精油也是個好主意。這麼做應該可以幫助心情恢復明快，並開啟內心對未來的展望。

焦慮、擔心

① 與月亮有關

心理狀態大多都是與月亮有關，特別是月亮落在巨蟹座、處女座、雙魚座的人，據說會更容易被焦慮或擔憂的心理所困擾。

建議精油

第一種情況可以先使用月亮精油，或與月亮星座、宮位有關的精油。

② 與水星有關

還有想太多也是焦慮和擔心的一大因素。月亮有時可能會和代表知性的水星形成凶相位。或者，與雙子座或處女座等水星守護的星座有對應關係。

建議精油

這種時候即可在月亮精油上再添加水星精油，以調節水星能量過於旺盛的作用。

③ 與變動宮有關

據說當變動宮（雙子座、處女座、射手座、雙魚座）有較多的行星落入時，也比較容易觸發焦慮的情緒。這是因為變動宮星座的一大特徵就是他們擁有比較多的可能性與選擇性，但這些機會往往也容易造成他們思緒不穩定、因為種種思緒的繁雜最終陷入混亂的局面。

建議精油

加入有關的變動宮星座精油，應該可以緩解混亂的思緒、減輕過度的

焦慮。

④ 與固定宮有關

當固定宮（金牛座、獅子座、天蠍座、水瓶座）有行星落入時，所感到的焦慮通常是來自心理上的壓迫感。由於固定宮星座他們對時間的感受是比較久遠的，所以也表示他們面對未來比較容易產生焦慮的心情。例如計劃、執行的事項能否進展到最後，或傾注了精力的事物能否得到成果等，這種想在未知的未來中抓緊什麼的心態，往往最容易造成焦慮。

建議精油

像這種情況，可以使用與固定宮有關的精油，幫助自己重新梳理積累或持續至今的事，以幫助心理意識到自己已經有足夠的安全感，進而緩和焦慮情緒。至於感到強烈的心理壓力時，請參考「壓力（第 135 頁）」。

注意力不集中

變動宮（雙子座、處女座、射手座、雙魚座）有較多行星落入時，容易被各式各樣的意念影響，所以會有注意力難以集中的傾向。

變動宮本來就有一大特徵，也就是能夠同時處理多項事情的多工處理模式。當這項特徵無法正常發揮時，很可能就會有該專心工作時會忍不住想滑手機，或是在查找什麼時，腦海突然浮現別的事，就立刻轉移注意力忘了原本的事情等情況發生。

建議精油

在這種情況下，建議使用變動宮中最有掌控現狀能力的處女座相關精

油。即使處女座沒有行星落入也可以使用。處女座的精油可以幫助我們回到現實，並收回四散的注意力，幫助我們將注意力集中在現在應該面對的事情上。

神經過敏、神經質

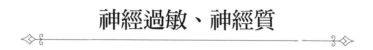

神經在醫療占星術的類別上隸屬於水星。當本命盤的水星與海王星或天王星形成相位時，或水星在雙魚座或水瓶座時、水星與任何一個行星形成 90 度的相位時，常會以神經過敏的特質表現出來。

建議精油

在某層意義上，這代表水星的敏感天線處在反應過度的狀態，想要緩解這種狀態，可使用水星的精油與水星星座有關的精油，即可幫助水星的運作恢復正常，讓過度反應的情緒冷靜下來。只是，如果神經過敏已經到了影響精神狀態的話，還是要尋求醫療機構的幫助。

壓力

壓力也是一個容易和土星有關聯的心理狀態。

與土星有關的壓力，大多都是來自於追求完美的心態。比方說，可以從土星星座或土星所在宮位解讀出，怎麼做對一個人而言才能變得完美，再與當下的自己做比較，那麼面對那個完全達不到完美的自己，就會產生壓力。

即使感覺到來自外在他人的壓力，但會不會形成內心的壓力還是因人而異。所以對於壓力的感受，其實還是取決於每個人的內在因素。

建議精油

對於這樣的壓力，我們建議使用土星精油，再結合土星落入的星座及宮位的精油來進行調配。如此一來，即可幫助自己好好認清自己心目中那個美好的形象，然後靜下心來思考如何改變，才能以自己的方式穩步地往成長的路上邁進，而不是只當作一個遙不可及的目標糾結不已。壓力這種東西或許很難一下子全部減輕，但如果不再將它視為單純的壓力，而是詮釋為自己應該邁向的目標，心理壓力也一定能緩解下來。

焦急、不耐煩

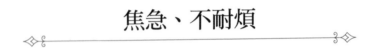

焦急是來自於想要推進卻又毫無進展的情況下產生的一種心理。這種心理即使知道只要稍加等待就能看到進展，也會因為急於求成的心態刺激神經，進而以不耐煩的情緒表現出來。

太陽、月亮或上升點落在火象星座或基本宮星座（牡羊座、巨蟹座、天秤座、摩羯座）的人，比較容易感到焦急或不耐煩的情緒。

建議精油

對於這種情況，我們建議先從客觀的角度觀察自己陷入這種情緒的狀態。然後再從落入的星座，選擇對宮星座的精油來調節。

例如，上升巨蟹的人在感到劇烈的焦躁感湧上時，可以使用與對宮摩羯座有關的精油，即可幫助自己以客觀的角度重新審視自己。這麼做還可以幫助自己將注意力轉回現實，所以不僅能恢復鎮定，也能在推動事物的

同時好好留意周圍的一切。

焦躁

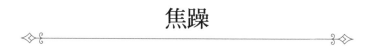

焦躁與火星有關。火星也是象徵行動力的行星，當事物無法順利進行時，這種能量無處可去，就會以焦躁、煩躁的情緒反應出來。

建議精油

在這種情況下，我們建議使用可與火星能量抗衡的金星精油，特別是玫瑰或天竺葵精油。如果是因為一些小事而感到焦躁時，有放鬆心情功效的木星精油也是很好的選擇。例如甜橙、葡萄柚等柑橘類精油，可幫助我們轉換心情、帶來積極正向的能量。

火象星座（牡羊座、獅子座、射手座）也與焦躁有關。所以當太陽、月亮、上升點是火象星座的人感到焦躁時，我們建議使用該星座的對宮星座（風象星座）相關的精油。這類的精油可以激發客觀性，讓自己以俯瞰的角度重新審視焦躁源頭，幫助情緒恢復鎮定。例如，太陽、月亮、上升牡羊座的人可以使用天秤座精油、獅子座使用水瓶座精油、射手座則可使用雙子座精油。

無法原諒

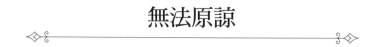

無法原諒的心情得看是因為什麼事，但大多數情況都會隨著時間流逝而淡化。如果這種情緒遲遲無法緩解，那除了事情本身之外，也可能是因為固定宮星座的影響。

固定宮（金牛座、獅子座、天蠍座、水瓶座）對於某些特定的事情會特別的執著，雖然這份執著也給他們帶來堅持不懈的特質，但相對的，一旦受了傷或有了不愉快的記憶，也會在他們心裡久久揮之不去。而這樣的事情往往會給他們帶來很大的傷害。

建議精油

面對這種情況，最好的作法就是放下對事或對人的執著、原諒對方。以占星術的解決方法來說就是要放下執著，而扭轉心態的關鍵就在於固定宮的下一宮，也就是變動宮的星座。

比方說，當星盤中的太陽、月亮、上升點落在固定宮任一星座時，可使用與該星座同一元素、但屬於變動宮的星座精油，幫助自己擺脫執著，並讓這份情感以最自然的方式昇華。藉由變動宮多元的思維及對待情感的方式，來淡化對某些特定事物的執著。

例如，月亮天蠍的人，可以使用同為水元素，但隸屬於變動宮的雙魚座精油，藉此來淡化對他人的憤怒，讓情緒慢慢平靜下來。又或者，當太陽在獅子座的人曾在公開的場合中受到重創時，則可使用同為火元素但隸屬於變動宮的射手座精油。但是這種情況如果已經影響內心很長的時間，那相對昇華也需要耗費更大的精神，因此建議視情況持續使用。

憤怒

憤怒是與火星有關的情感表現。有很多情況都會讓人感到憤怒，像是受到不平的待遇、面臨失敗、遇到不講理的事都是觸發憤怒情緒的原因。

從根本上來看，其實就是不能以想要的方式做自己想做的事，或在其它相似的狀況被置之不理時，挫折感就會轉化為憤怒的情緒。

也就是說，當火星這種象徵著想要就得努力爭取的行動力受到阻礙時，無處宣洩的能量便會以憤怒的形式展現出來。

建議精油

若想要平息或昇華憤怒，可使用火星精油轉換心態，並且讓能量釋放出來。又或者使用與火星對立的金星相關精油從內抗衡，也可達到抑制憤怒的效果。此時，還可以根據火星及金星落入的星座、宮位，加入相關的精油效果會更好。

不過，即使用這種方式暫時以精油平息了怒火，但一旦遇到相同的情況還是會感到相同的憤怒，所以想要根本性解決這項問題，還是應該好好地思考究竟是為了什麼而生氣，以及該如何面對這種情緒。

在思考審視自己時，我們會建議使用土星精油，可以幫助大腦冷靜地回顧憤怒情緒的起因。

積極性、幹勁

與積極性有關的行星是火星。所以使用火星精油，再加上火星星座、火星所在宮位的精油，能幫助我們激發動力，將動力集中在特定的目標上，並轉化為實際的行動力。

建議精油

當感到無法邁出第一步、遲遲進入不了狀態時，我們會建議使用有象徵啟程之意的上升星座相關精油。上升星座代表了人生序幕的揭開方式，所以與上升星座有關的精油有促進起始的動力。接著再加上火星精油，即可像是增加引擎轉速一樣，激發出更強的前進力量。

振奮心情

與振奮心情有關的行星是太陽與木星。

建議精油

可以直接使用太陽或木星精油，也可以參考星盤中太陽或木星落入的星座，再添加該星座相關的精油。

還有很多火象星座的精油，都有幫助正視自身感受及內心世界，並恢復心情明快的效果。特別是需要提振精神、恢復精力時，建議從火象星座的精油中挑選，再經過實際嗅聞選出自己喜歡的氣味。

放鬆

這在月亮的章節也已經說過了，與放鬆關係最密切的行星就是月亮。這是因為月亮象徵的是一個人的安全感與安心感，所以只要月亮運作得當，身心就能得到真正的鬆弛。

建議精油

面對需要放鬆的狀態時，我們建議可以使用月亮精油，再參考星盤上的月亮落入星座與宮位，選擇相關的精油調配，即可得到一支原創的放鬆配方精油。

除了月亮之外，木星也有幫助緩解緊張、擺脫執著，讓緊繃的肩膀放鬆下來的力量。特別感到緊張時，或因為糾結些什麼而感到煩躁不安時，

木星精油可以舒緩緊繃的情緒，讓心情變得開闊起來。

冷靜

冷靜是與土星有關的心理狀態。

建議精油

土星精油除了可以穩定情緒，也有建立大局觀，幫助意識到怎麼做才是最好的功效。

土星精油大多屬於木質類精油，大多都有改善呼吸系統的功效，也有加深呼吸，調整心理狀態，幫助情緒恢復沉著與冷靜的作用。

特別是在容易感到混亂的場合時，即可使用土星精油加上土星落入星座、宮位的相關精油，即可激發自身的土星力量。而且最重要的是，土星有找出事物軸心、穩定內在核心的力量，對於混亂會有很好的鎮定效果。

沉靜心靈

建議精油

想要讓心靈沉靜下來，我們建議可以使用月亮精油。接著再參考星盤上月亮落入的星座、宮位添加相關的精油調配，即可發揮更好的效果。

不過這種時候，最重要的應該讓客戶自行挑選喜歡的香氣，而不是由治療師來選。對於香氣的好惡，在沉靜、放鬆相關的主題中，是非常關鍵

的要素，所以應該盡可能讓本人自己挑選。

還有土星精油，大多也都有加深呼吸、沉靜心靈的作用。所以除了月亮精油之外，再從土星精油中選擇幾支喜歡的香氣進行調配，相信一定能得到深層的平靜與穩定的情緒。

專注

與專注力有關的行星是火星。火星雖然被認為與行動力有關，這個力量如果對外，那就是付諸行動或是攻擊力，但如果用於內在層面，那就是專注力。

建議精油

特別是松科精油與羅勒精油，有非常高的專注效果，再參考星盤中火星落在哪個星座，並選用相關的星座精油與火星精油搭配使用，即可幫助人以自然的方式專注於某件事物中。

對工作等特定作業遲遲無法專注時，也可再添加一點與推動事物有關的水星相關精油，即可提升對作業的重視度，讓工作進展變得更順利。

PART

8

與行星有關的
精油事典

1

Ylang Ylang

伊蘭

促進慾望的釋放
與表達

學　　名	*Cananga odorata*
科　　別	番荔枝科
萃取部位	花朵
萃取方式	蒸氣蒸餾法
產　　地	馬達加斯加
主要成分	沉香醇、香葉醇、石竹烯、乙酸苄酯

主要作用	**促進荷爾蒙分泌、鎮靜、抗憂鬱** 壓力引起的自律神經失調症狀（心悸、頻脈、亢奮後高血壓）。改善血管收縮、促進血液循環，有溫熱效果，並可調節荷爾蒙平衡，因此也常用於經前症候群及生理痛。平衡皮脂分泌。
注意事項	香氣濃郁、注意避免長時間及大量使用
占 星 術	金星 獅子座、金牛座

　　伊蘭的香氣十分華麗，有調節荷爾蒙、緩解月經週期紊亂及經前症候群的作用，從這一點看來可說是名符其實的金星精油。伊蘭還有調整腎上腺素分泌的作用，可舒緩亢奮、恐慌、極度緊張及心理壓力，也可有效鎮靜、降低壓力引起的自律神經失調症狀，如心悸、頻脈、亢奮後高血壓等。自律神經系統主要與固定宮、特別是獅子座有關。當精神過度亢奮，使交感神經優先運作而副交感神經沒有啟動的狀態，例如因情緒過高而失眠時，伊蘭即可發揮鎮靜作用，以達到放鬆的效果。只是伊蘭的香氣非常濃郁，應避免長時間嗅聞或大量使用。

　　伊蘭在精神及心理層面的作用，則有釋放自身慾望及促進慾望表達的效果。有助於解放精神上的執拗或壓抑，並帶來開放感。特別是對女性的性壓抑造成的緊張拘謹有非常好的效果。伊蘭也是平衡男女性魅力用油，特別是女性魅力不足或刻意壓抑時，伊蘭即可幫助釋放。過去曾因為痛苦的經驗而被迫放棄喜悅及身為女性的樂趣時，伊蘭也可提供非常好的幫助。

2 Orange
甜橙

陽光開朗、
如孩童無憂無慮

學　　名	*Citrus sinensis*
科　　別	芸香科
萃取部位	果皮
萃取方式	壓榨法
產　　地	義大利、巴西
主要成分	檸檬烯、沉香醇、檸檬醛、香豆素
主要作用	**淨化空氣、抗菌、調整消化系統、加溫** 有刺激膽汁分泌、促進腸道蠕動的作用，可用於消化不良及增進食欲。另有溫熱身體、促進體液循環的作用，因此也有保溫、改善手腳冰冷的效果。可用於壓力型腸胃不適。對憂鬱狀態也有很好的效果。另可軟化肌膚、清潔肌膚，並促進細胞新陳代謝。

注意事項	
占 星 術	太陽、木星 獅子座

　　柑橘類的精油大多都與太陽有關。這是因為它們需要在日照強烈且通風良好的地區才能順利成長，再加上金黃且圓滾滾的外型神似太陽，才被認定為太陽精油。甜橙精油有調整消化系統及促進腸道蠕動的作用。非常適合用在壓力引起的腸胃不適或消化不良等症狀。

　　甜橙精油還有促進膽汁分泌的作用，像這種肝臟方面的作用（相關行星為木星）表示它與木星有關。再加上甜橙甜美的香氣一般大眾都能接受，這種平和愉悅的氣息，恰好也與木星有著密不可分的關係。

　　甜橙在精神方面的療效，則有陽光開朗、可以激發出如孩童一般的無憂無慮。對於精神狀態處於冰冷、重度低迷的人，甜橙精油可以幫助他們重振精神，逃離陰鬱的精神世界。

　　特別是土星影響較大時（如月亮或上升點與土星有相位、土星落入第一宮、月亮或上升點在摩羯座），甜橙清甜的香氣，可以為心理帶來明快的感覺，緩和緊張感。甜橙對驚嚇及壓力造成的五感萎縮也有很好的效果，像疲勞吃什麼都嚐不出味道、感覺不到活著的實感時，非常建議使用甜橙精油。對食物有慾望也代表著對生活是充滿希望的，所以當壓力影響到食欲時，不妨使用與太陽有關的甜橙精油，也許就能找回太陽，也就是生活的熱情了。

Roman Chamomile

羅馬洋甘菊

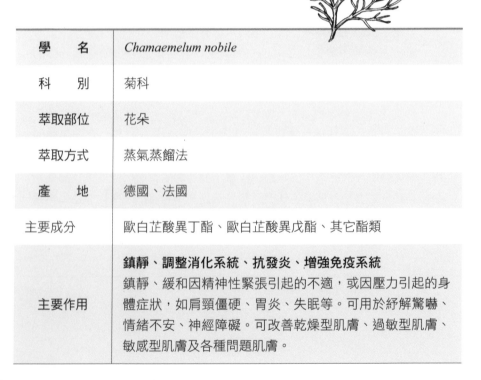

從呵護日常達成大目標。照
顧內在小孩

學　　名	*Chamaemelum nobile*
科　　別	菊科
萃取部位	花朵
萃取方式	蒸氣蒸餾法
產　　地	德國、法國
主要成分	歐白芷酸異丁酯、歐白芷酸異戊酯、其它酯類
主要作用	**鎮靜、調整消化系統、抗發炎、增強免疫系統** 鎮靜、緩和因精神性緊張引起的不適，或因壓力引起的身體症狀，如肩頸僵硬、胃炎、失眠等。可用於紓解驚嚇、情緒不安、神經障礙。可改善乾燥型肌膚、過敏型肌膚、敏感型肌膚及各種問題肌膚。

注意事項	懷孕初期避免使用
占 星 術	太陽 巨蟹座

　　洋甘菊在傳説中是古埃及人獻給太陽神的獻祭品之一，因此與太陽有關。菊科植物大多都有抗菌、抗發炎的作用，以太陽為守護星的植物也多有這樣的功效，羅馬洋甘菊也同樣如此。羅馬洋甘菊的性質是屬於 1度的 Hot & Dry，因此正好可以給身心剛剛好的溫熱效果。羅馬洋甘菊的名字源自於古希臘語「Chamaimēlon」，意思是「大地的蘋果」。有如蘋果一樣的香甜氣味以及被踩踏也能奮力向上生長的強大力量，是羅馬洋甘菊最大的特色。羅馬洋甘菊有鎮靜、抗發炎、調整消化系統的作用，所以可用在壓力引發的胃痛、肌膚粗糙等問題。羅馬洋甘菊也有緩解生理痛及調節月經週期的作用，所以與子宮和胃有關的月亮也常被認為是其守護星，但這一部分已有尼可拉斯明確指出羅馬洋甘菊在行星上屬於太陽，而在星座上，因呵護有關於胃與子宮的部分，則將它歸屬在巨蟹座。

　　羅馬洋甘菊有鼓勵我們從呵護日常生活開始來實現大目標的力量，還告訴我們小小的喜悦最終都能成為大大的幸福。羅馬洋甘菊還有撫慰受創的內在小孩、為心靈帶來勇氣的強大力量，所以如果本命盤中的月亮有凶相位出現時，即可發揮很好的效果。此外，它還有舒緩不明原因的惆悵感並消除煩躁感，給心靈帶來溫暖的感受。特別是像工作狂或對工作有超乎尋常的執著、不服輸的人，或者是因為工作上的問題無法事事如意而感到憤怒時，羅馬洋甘菊都能有助於緩解這種情緒。

Clary Sage
快樂鼠尾草

4

跳脫框架，
卸下肩上的重擔

學　　名	*Salvia sclarea*
科　　別	唇形科
萃取部位	花朵、葉尖
萃取方式	蒸氣蒸餾法
產　　地	法國、摩洛哥
主要成分	香紫蘇醇、乙酸沉香酯、沉香醇

主要作用	**調節荷爾蒙分泌、鎮靜、鎮痛、抗痙攣** 可調節月經週期紊亂、荷爾蒙失調造成的情緒不穩、更年期障礙。也有促進血液循環、緩解生理痛的效果。 緩和緊張感。可用於壓力型腸胃不適症狀。也有制汗、調節皮脂分泌的作用。
注意事項	避免在駕駛、飲酒前使用。懷孕期間避免使用。
占 星 術	月亮、水星 處女座

　　快樂鼠尾草的學名是由拉丁文「清澈、明亮（clarus）」演變而來。在古代，快樂鼠尾草據說會被當作洗淨雙眼的藥草使用，若對應占星術中的代表身體部位，眼睛與發光的行星，也就是與太陽或月亮有關。快樂鼠尾草還有緩解生理痛以及通經、緩和更年期障礙的作用，也可用於生產時緩解強烈緊張，從這些功效可證明月亮為其守護星。月亮也與放鬆狀態有關，所以對於緊張造成的失眠或疲勞，可以從緩解肌肉的緊繃開始，放鬆身心並緩和不適感。

　　在精神面上，快樂鼠尾草有跳脫框架、卸下重擔，並解開情感糾結的功效。特別是當本命盤的月亮落在固定宮星座，或者在土星方面有凶相位時，快樂鼠尾草都能發揮非常好的效果。還有對於那種緊繃已成日常狀態的人，或者經常被緊張感籠罩時，都是非常好的選擇。快樂鼠尾草對於舒緩工作壓力也有非常強大的效果，因此當夜晚入睡前仍無法放鬆，或被不必要的煩惱糾纏、被工作或擔心的事充斥整個思考時，快樂鼠尾草可以幫助脫離這種情緒，就某種意義上可以說是以隔絕的方式，讓心情徹底地放鬆下來。只是放鬆的力道非常強烈，因此在駕駛或飲酒前請避免使用。

Grapefruit
葡萄柚

保持自主獨立與他
人協調、放下執著

學　　名	*Citrus paradisi*
科　　別	芸香科
萃取部位	果皮
萃取方式	壓榨法
產　　地	以色列、美國
主要成分	檸檬烯、諾卡酮

主要作用	**調整消化系統、促進淋巴系統** 有促進血液、淋巴等體液循環的作用，幫助造成疲勞的物質排出。 有溶解脂肪的作用。促進肝臟功能，幫助排毒。另可促進消化酵素的分泌。
注意事項	光敏性
占 星 術	太陽、木星 射手座

　　葡萄柚是結果時，果實成簇的模樣非常形似葡萄才得此名，也因此與象徵豐饒的木星有關。葡萄柚有促進肝臟功能，幫助排毒，並促進消化酵素分泌的作用，而占星術中肝臟屬於木星，所以這大概就是被歸類在木星的原因。另外肝臟排毒與淋巴運送老廢物質都是變動宮所掌管的範圍，再加上葡萄柚還有恢復心情明朗及激勵的效果，因此星座的部分歸屬在射手座。

　　精神面上，葡萄柚有幫助放下執著，並協調自己與他人的效果。射手座是認可並接受他人思維和做法的星座，他們非常重視自由獨立，不會限制他人的想法。同樣的，葡萄柚不僅可以消除人與人之間的隔閡，還能帶來鼓舞的力量，讓自己積極投入團體合作的活動中。除了人與人之間的關係，葡萄柚也有化解內心糾結、解開自我束縛的力量。對於不懂得如何與他人劃分界線，或依賴他人、把別人的愛護當作愛情等，葡萄柚都能幫助自我獨立，重新劃分彼此間的距離感，並幫助每一個獨立的個體都能以適當的距離建立最良好的關係。

Cypress

6 絲柏

區分出開始
與結束

學　　名	*Cupressus sempervirens*
科　　別	柏科
萃取部位	葉子、毬果
萃取方式	蒸氣蒸餾法
產　　地	法國、德國
主要成分	α-蒎烯、莰烯、松油醇（萜品醇）
主要作用	**淨化空氣、利尿、抗菌、收斂、鎮靜、類荷爾蒙作用** 可鎮咳。收斂細胞組織，並促進體液循環，幫助老廢物質排出。有除臭、制汗效果。可改善卵巢功能。可緩解經前症候群的焦躁或情緒低落。有強化微血管的作用，可用於痔瘡或靜脈瘤的治療。適用於油性肌膚、青春痘型肌膚。

注意事項	敏感型肌膚需注意、懷孕初期不可使用
占 星 術	土星、（冥王星） 摩羯座

　　長久以來，絲柏就一直被認為與死亡及冥界有非常深刻的關係。在希臘神話的傳說中，述說著一名少年西帕里修斯因為失手錯殺了他最心愛的鹿。悲痛萬分之餘，他向神祈求以永遠的黑暗作為懲罰，神也聽見了他的祈求，最終將他變成絲柏樹，絲柏就是因此而來。還有冥王黑帝斯（羅馬神話中是普魯托）的宮殿四周據說也種了許多絲柏樹。絲柏的學名為「*sempervirens*」有「長生不老」之意，這是因為它是一種常綠樹，壽命不僅比一般植物長，還有不易腐敗的特性。因此，絲柏同時象徵著死亡與永遠，而同樣與死亡有關的土星（土星在古典占星術中是最遠的行星，已是人類發展的極限）才被認定是它的守護星，但自從發現了冥王星之後，由於行星名稱與死者國度的國王有關，所以也有人認為絲柏的守護星應該是冥王星。只是從古羅馬的普林尼著作中曾有絲柏的相關描述：「生長緩慢卻頑強、葉子很苦」、「光澤持久不易彎曲、適合做成門」來看，完全就是土星的側寫。

　　絲柏有強化微血管、改善靜脈瘤的作用，也有利尿作用。除此之外還有收斂細胞組織、調節體液循環，排出身體多餘物質的排毒作用。捨棄不需要的東西與土星有關，由此可見也是偏向土星的特性。

　　在精神方面，絲柏則有好好區分出開始與結束，以及轉化與再生的力量。無論是遇到環境變化或是挑戰內在成長之際，絲柏可以帶來強大的力量，給予內心勇往直前、面對困難的勇氣。此外，當面對一個特定的目標、正處於轉變的關鍵時，絲柏也可幫助心靈放下多餘的情感（如罪惡感或受害者意識），穩步踏實地往前邁進。

7 *Sandalwood*
檀香

治癒深處的傷痛、
將過去的創傷轉化為食糧

學　　名	*Santalum album*
科　　別	檀香科
萃取部位	木芯
萃取方式	蒸氣蒸餾法
產　　地	印度邁索爾地區
主要成分	$\alpha\&\beta$ 檀香醇

主要作用	**鎮靜、抗菌、利尿、防蟲、增強免疫系統** 有利尿、抗菌作用，可用於泌尿道感染。久久不癒的咳嗽、喉嚨痛也適用。有軟化皮膚、恢復肌膚彈性與潤澤的作用。 可提高免疫力，預防疾病感染。
注意事項	香氣濃厚、懷孕初期應避免使用。
占 星 術	土星、（海王星） 巨蟹座、天蠍座

　　檀香在印度、中國相當受歡迎，在葬禮之類的場合也經常被用來焚燒使用。這可能是因為人們相信檀香可以幫助死者的靈魂脫離軀殼，並放下執念與罣礙、重獲靈魂自由的關係。而且因為檀木木材不易吸引害蟲，因此在印度據說有許多古老寺院及家具製材都是來自於檀木。還有文獻記載，古代以色列國王、索羅門王都因為喜歡這種香氣，連神殿都是用檀木建造的。古埃及人則將檀香用作屍體的防腐材料。因為這些與死亡有關的傳說，在古典占星術中，檀香才被視為與土星有關。再加上檀香有止咳化痰的作用，在性質的分類上等同於收乾黏液，因此土星才會被定為其守護星。另外檀香還有加深呼吸、引導意識改變的力量，因此海王星也被並列為守護星之一。

　　在精神方面，檀香有治癒內心深處的傷痛，並將過去的創傷轉化為精神食糧的力量，但會以與外界隔絕的形式，從內在逐漸完成自我的療癒。這也可以說是一種防護作用，就像是檀香的保濕鎖水作用一樣，滋潤肌膚的同時，也能作為屏障調理肌膚。對於內心，也像是築起一道心靈守護牆，治癒內心世界。

8

Cedarwood

雪松

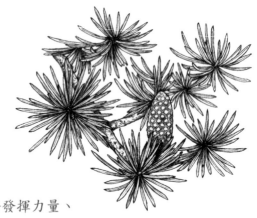

保護現狀同時發揮力量、
穩固意志。在危機時安
定並維持內在精神面

學　　名	*Cedrus atlantica*
科　　別	松科
萃取部位	木質部
萃取方式	蒸氣蒸餾法
產　　地	法國、摩洛哥
主要成分	雪松烯、雪松醇

主要作用	**鎮靜、抗菌、收斂、袪痰、調節皮脂分泌** 因抗菌作用，可用於膀胱炎或尿道感染。可抑制頭皮皮脂分泌、防止脫髮。適用油性肌膚。
注意事項	懷孕期間避免使用（含較多酮類，癲癇患者不可使用）
占 星 術	土星、（冥王星） 水瓶座

　　在《吉爾伽美什史詩》中就有記載的雪松，是自古以來就支持著人類生活的植物。雪松的木質部含有大量的精油成分，有強力的防蟲、防腐效果，可防止害蟲或細菌侵入，因此古代也常使用雪松木製造棺木，或建造寺院及船舶、宮殿。而且以雪松為建材的建物都擁有非常長的壽命，再加上雪松是常綠樹，在古埃及又是製棺或製造木乃伊的材料，因此才被認為與土星有關。

　　雪松可用於止咳化痰等呼吸道相關症狀（黏液=Cold & Moist），而擁有袪痰作用的精油大多又與土星有關，因此守護星才會與檀香一樣同屬於土星。

　　在精神方面，雪松和守護現狀同時行使力量、堅定意識有關。而且在危機四伏的環境下也能穩住精神世界，拿出堅毅的信念繼續往前走，因此當被指派了超出負荷能力的工作或感到壓力時，雪松應該都能帶來有效的幫助。悄悄地意識到自身內在核心所在的層面並充實能力，也是雪松的一大特色。以自己內心認定的秩序，建立核心思想並積蓄力量，這也是土星的要素。在雪松的力量之下，即使飽受攻擊，或被搧動的言論迷惑，都能堅定自己的意念不受影響、堅毅地向前挺進。

Cinnamon

9 肉桂

建立溫暖的交流

學　　名	*Cinnamomum zeylanicum*
科　　別	樟科
萃取部位	葉子、樹皮
萃取方式	蒸氣蒸餾法
產　　地	印度、斯里蘭卡
主要成分	丁香酚、肉桂醛、苯甲酸苄酯、石竹烯

主要作用	**加溫、抗菌、調整消化系統、鎮痛、滋補、鎮靜** 有溫熱身體的效果，可緩和虛寒造成的疼痛。促進消化酵素分泌，增強食欲。溫暖身心、緩解緊張並滋補身體。也可用於預防感冒。
注意事項	皮膚刺激性強烈，敏感型皮膚不可使用 會刺激子宮，孕婦不可使用 基本上皆建議少量使用
占　星　術	太陽 巨蟹座

　　在古埃及，肉桂被當作製作木乃伊的防腐劑或香料使用。在古羅馬，肉桂則有愛情之證之意，經常被當作贈送愛慕者的禮物。肉桂擁有非常顯著的溫熱效果，經常被當作暖身油使用，在感冒等狀況伴隨關節疼痛時，還會再加上鎮痛作用，緩和症狀。還有虛寒造成的神經痛及關節疼痛等，肉桂也可發揮溫熱作用減緩疼痛。再加上溫暖的香氣相當刺激食欲，因此當疲勞喪失食欲，或情緒低落導致食欲不振時，肉桂皆可發揮很好的效果。

　　在占星術上，由於肉桂有抗菌及溫熱作用，因此與太陽有關。再加上調節消化系統、緩解緊張、穩定心靈等作用，都是歸屬於巨蟹座。調節水分代謝，則可視為與水象、基本宮星座一樣，持續供應新鮮的水分（心靈上的交流）。

　　精神方面，當精神上感到精疲力竭、空洞無力時，或因落寞、孤獨感到內心無比冰冷時，肉桂在溫暖身心、激勵內心的同時，也能夠帶來氣力與活力。特別是在人際關係中受了傷，或被背叛而陷入類似狀態時，肉桂能帶來希望，讓我們有勇氣重新與人交往，並積極地重建人際關係。

10 Jasmine
茉莉

擁抱並化解所有阻礙
喜悅的情緒，從內在
給予支持的力量

學　　名	*Jasminum grandiflorum*
科　　別	木犀科
萃取部位	花朵
萃取方式	溶劑萃取法
產　　地	摩洛哥、埃及、印度
主要成分	乙酸苄酯、沉香醇、乙酸沉香酯、茉莉酸

主要作用	**促進荷爾蒙分泌、抗憂鬱、滋補、催情** 可有效強健子宮及產後修復。有幫助子宮收縮、促進產程，並促進母乳分泌的作用。也可用於更年期、經前症候群、月經不順。以及因壓力或緊張引起的身心不一致的感覺。 有活化並軟化皮膚細胞的作用，適合老化肌膚使用。
注意事項	孕婦不可使用
占 星 術	月亮、木星 巨蟹座、雙魚座

　　茉莉的歷史相當悠久，從古埃及時代便可追溯到種植茉莉的歷史。茉莉除了有調節荷爾蒙分泌的作用，對於月經不順、經前症候群、更年期障礙等都有很好的效果，還有強健子宮並修復子宮功能，是茉莉最大的特色。茉莉有刺激催產素分泌，促進子宮規律收縮的作用。催產素是一種有助於生產、產後修復及母乳分泌的激素，因此茉莉也有助產精油之稱。肌膚方面，茉莉有刺激細胞活性及軟化皮膚的作用，很適合老化肌膚使用。此外，茉莉還有抗憂鬱的效果，可以幫助撫慰低落的情緒。也許就是因為子宮以及女性方面的問題都與月亮有關，再加上與土星對向的月亮，可以抗土星的老化及憂鬱狀態，所以茉莉的守護星才會被歸屬在月亮。

　　在精神面上，茉莉可以激發生命中的喜悅、給予心靈支持的力量。所以對於任何可能阻礙喜悅感受的情緒，如孤獨感、疏離感、恐懼、焦慮等負面的情緒，茉莉都能溫柔地擁抱並化解它們，並從內給予支持。所以當精神受到衝擊，或因為痛苦使得情感變得麻木時，茉莉可以幫助心靈重新找回活著的感覺，讓心靈重新感受到生命的重量，很適合一直在壓抑或隱藏悲傷情緒的人使用。茉莉的香氣還有催情、刺激性欲的效果，而性欲其實也是生命中不可或缺的一種本能，因此茉莉也可說是一種幫助我們從性來感受生命的精油。

11

Juniper Berry

杜松莓

靜心思考、
淨化力

學　　名	*Juniperus communis*
科　　別	柏科
萃取部位	漿果
萃取方式	蒸氣蒸餾法
產　　地	法國、北美
主要成分	α-蒎烯、石竹烯、龍腦

主要作用	**清血、利尿、抗菌、鎮痛** 有助於將造成疲勞物質及疼痛的物質排出。緩解風濕、痛風、關節炎的疼痛。有抗菌與利尿作用,可用於膀胱炎。也可用於消水腫,但易對腎絲球造成刺激,因此使用前應該先弄清楚水腫的原因。
注意事項	有腎臟疾病者不可使用、孕婦不可使用
占 星 術	太陽、木星 射手座

　　自古以來,人們一直認為杜松擁有宗教淨化的力量。著於西元前1500 年的古埃及醫學書《埃伯斯紙草卷》(*Ebers Papyrus*),就有關於杜松驅蟲或當作消化藥使用的記載。古埃及時代日落後焚燒的聖油奇斐(Kyphi)配方中,也可以看到杜松的蹤影。古希臘人也將它用於葬禮時焚燒,以驅除惡靈。另一方面,普林尼及蓋倫則是考慮到杜松有淨化肝臟體液等藥理作用。杜松具有清血、利尿、抗菌、鎮痛作用,有助於將造成疲勞的物質及疼痛的物質排出,並有降低乳酸值、淨化血液的力量。

　　有關於身體上的淨化,以星座來說主要是由變動宮負責,而杜松本身就有火的要素(根據尼可拉斯留下的文獻中,杜松在性質上是歸屬於Hot‧3 度 & Dry‧1 度,因此守護星是歸屬於太陽),因此星座方面是歸屬在射手座。而木星也並列守護星之一,或許就是因為射手座的關係。

　　在能量方面,杜松有幫助靜心思考,並有淨化的力量。可以驅逐腦海中所有阻礙思緒的負能量,如嫉妒、後悔或怨恨等負面情緒。除此之外,對於變動宮星座常有的思緒混亂或因為想太多陷入膠著時,杜松也有助於釐清思緒、冷靜思考,並引導得出結論。

12 薑

Ginger

內心感到冰冷、
失去動力時，
成為推動的力量

學　　名	*Zingiber officinale*
科　　別	薑科
萃取部位	根部
萃取方式	蒸氣蒸餾法
產　　地	印度、牙買加
主要成分	薑烯、薑黃烯、橙花醛、龍腦

主要作用	**強化免疫、滋補、加溫、調整消化系統、鎮痛** 有溫熱體液、促進能量代謝的作用。可降低血中膽固醇。可緩解肩頸僵硬、肌肉疼痛、神經痛，並改善手腳冰冷。可刺激消化酵素的分泌，幫助排氣。對於宿醉、暈車時的嘔吐感也很有效果。
注意事項	敏感型肌膚注意使用、懷孕初期注意使用
占 星 術	火星 摩羯座

　　薑，自古以來便被認為可以用於暖身及暖胃。在西元前 300～500 年，就有將鹽、胡椒、薑一起製成醃製食品或漢方藥使用的紀錄。薑的原產地是印度，在西元前 2 世紀前，才被阿拉伯人傳至希臘，後經海路傳到羅馬。古希臘的數學家兼哲學家畢達哥拉斯（Pythagoras）曾經說過他會將薑當作助消化劑或消脹氣藥使用。17 世紀的著名占星師威廉・李利（William Lilly）與約翰・加德伯里（John Gadbury），認為薑應該歸類在火星或太陽，之所以這麼認為，主要是因為它的性質是 Hot・3 度 & Dry・3 度，有非常強烈的火的要素。只是，再從加溫或促進血液循環的作用來看，可能比較偏向於火星的作用。薑在日本漢方也常被用於暖身、促進新陳代謝、消除體內濕氣、緩解虛寒造成的消化道不適。

　　在精神方面，薑有溫暖內心，並激勵向前邁進的力量。萃取自根部的薑精油，含有豐富且均衡的土、火能量。當感到內心冰冷、失去前進的動力時，薑可以幫助心中搖搖欲墜的信念恢復穩定。穩固好根基後，再給予內心安心感與自信心，勇敢踏出第一步。當感到無力、失去積極的力量，或事到臨頭卻感到退縮時，薑可以幫助自己重新檢視所擁有的能力或技能等內在具備的力量，並幫助重建信念、增加動力，一步一步地往前邁進。

13

Geranium

天竺葵

培養平衡的感覺

學　　名	*Pelargonium graveolens*
科　　別	牻牛兒苗科
萃取部位	花朵、葉子、莖
萃取方式	蒸氣蒸餾法
產　　地	法國、留尼旺島
主要成分	香葉醇（牻牛兒醇）、香茅醇

主要作用	促進淋巴機能、調節荷爾蒙、防蟲、調節皮脂分泌、活化細胞、鎮痛、抗發炎、止血、利尿 促進淋巴循環、改善水腫、排出造成疲勞的物質。調節荷爾蒙分泌、月經不順，改善主訴不明的不適。調節肌膚皮脂分泌，活化細胞，淡化斑點、改善肌膚狀態。刺激腎上腺素，提高抗壓性。
注意事項	懷孕初期避免使用
占 星 術	金星 天秤座

　　守護星為金星的天竺葵，有調節荷爾蒙分泌，也有調節肌膚皮脂分泌及活化細胞的作用（淡化斑點、軟化肌膚）等，非常符合金星特質。天竺葵的功效，基本上最顯著的關鍵字就是「平衡」。例如，平衡荷爾蒙、平衡皮脂、平衡水分等。從這一點，也可以佐證天竺葵在星座方面歸屬於天秤座。

　　在精神層面上，天竺葵有修復平衡感（例如男性特質與女性特質、陰與陽、感性與理性等）的力量。除了可以發揮人際關係上的平衡力量，當必須在肉體與靈魂、現實與虛幻間取得平衡時，天竺葵就是最佳選擇。可以幫助徹底放鬆，然後發現自己的核心，並以核心為起點，找出最佳的平衡感。需要轉換心情或感到焦躁時，應該都可以提供很好的幫助。此外，天竺葵也有消除過度緊繃、僵硬的效果。對於過於嚴肅的人或工作狂，天竺葵能夠引導他們適度地享受事物，並創造一個能夠放鬆身心的契機。

　　如果覺得伊蘭的香氣太過濃豔，或在選擇金星精油時感到門檻略高下不了手時，天竺葵就是非常好的選擇。特別是在人際關係的平衡上，天竺葵可以幫助容易受人言語左右的人不再被影響；對於我行我素的人，天竺葵也能幫助他們考慮他人的感受，並教導平衡的重要性。

14

Thyme Linalool

百里香（沉香醇）

靜心凝神、
一掃對他人的失望感

學　　名	*Thymus vulgaris*
科　　別	唇形科
萃取部位	花朵、葉尖
萃取方式	蒸氣蒸餾法
產　　地	法國、義大利
主要成分	沉香醇、石竹烯、百里酚

主要作用	**滋補、血壓升高作用、殺菌消毒、調整消化系統、袪痰、通經、增強免疫力** 消除慢性疲勞。促進體內老廢物質排出，提升新陳代謝。有抗菌、抗病毒與增強免疫力的作用，因此可用於預防感冒及傳染型疾病。調整腸胃狀態，改善腸脹氣。
注意事項	懷孕初期不可使用
占 星 術	金星 牡羊座、金牛座

　　百里香是從很久以前便與人類生活有著密切關係的藥草，從古代美索不達米亞遺留下的泥板，也可以看到蘇美人栽種並當作藥物使用的紀錄。一直以來百里香就很容易吸引蜜蜂來採集蜂蜜，在占星學中蜂蜜與金星有關，所以才會將金星視為百里香的守護星。百里香在傳統上經常用來緩和月經問題或子宮炎症，所以也有「百里香之母」之稱。古羅馬學者普林尼所著的《博物志》，也指出百里香對中毒、蛇咬傷、頭痛都有很好的效果。中毒、蛇咬傷及頭痛等病況在占星術上都與火星有關，從百里香可以用來對抗火星這點，可能也因此被認為與金星有很密切的關係。

　　百里香是可以幫助靜心凝神的精油。所謂的凝神指的是專注於自我核心，也就是「活在當下」。所以當「當下」有需要做出選擇、必須下決策時，百里香可以成為背後推動的力量。還有面對季節轉變或時光流逝，百里香也有很好的激勵作用。例如，被截止期限追著跑時，或因為過於忙碌而迷失自我時，能幫助迷茫的自己回歸「當下」，並給予支持，堅守住本心。

　　「敞開心扉」也是百里香的擅長功效。它能幫助自己意識到當前的狀況，並向對手敞開心胸，與之交流。特別是對他人感到失望、難過時，百里香也有助於鏟除這種情緒，重新建立起與他人之間的關係。此外，百里香也有助於消解人際關係間的虛無感。

15

Tea Tree

茶樹

面對特定目標，
勇往直前的力量

學　　名	*Melaleuca alternifolia*
科　　別	桃金孃科
萃取部位	葉子
萃取方式	蒸氣蒸餾法
產　　地	澳大利亞
主要成分	桉葉油醇、萜品烯-4-醇

主要作用	**祛痰、增強免疫力、消炎、抗菌** 具抗菌作用，同時提升免疫力，並預防、緩和感冒等各種傳染疾病。可用於肌膚感染（足癬、痤瘡、疱疹）等。
注意事項	
占 星 術	太陽 摩羯座

　　大約從 4000 年前開始，澳大利亞的原住民就已經將茶樹煮來喝、搗碎當作藥敷，或做成擦傷、蚊蟲咬傷塗抹的藥，幾乎是將茶樹當成天然的萬能藥使用。茶樹不僅有殺菌、抗菌的功效，還有刺激免疫系統、增強抵抗力的作用，從這一點來看，確實屬於太陽的守護範圍。

　　茶樹具有很高的殺菌、抗菌特性，對於皮膚感染或感冒等呼吸道疾病都很有效。再加上抗菌、抗病毒、消炎、祛痰，以及提高免疫力的作用，茶樹對於感冒，可說是預防與治療一次到位。

　　在精神上，在需要面對特定的目標時，茶樹能夠帶來勇往直前的力量。還有像是工作或日常生活中遇見難以跨越的大難題時，茶樹能夠成為自己的後盾，幫助自己重整心態向前邁進。對於壓力、心情低落，或因強烈無力感引發感冒過敏時也非常有效。特別是當對某些問題感到壓力，或失去努力拚搏的氣力，導致身體也出現問題時，茶樹精油將是非常好的選擇。它可以幫助身心重整，激勵自己勇敢面對眼前的問題。

　　除此之外，當面對身分認同而造成情緒問題，或長期處在難以適應的環境、被交代不適合自己的工作，而失去體力、氣力時，茶樹也有助於提升自信心，給予自己跨越困難、面對問題的力量。

16 *Neroli*
橙花

以最純粹的心
情迎接靈感

學　　名	*Citrus aurantium var amara*
科　　別	芸香科
萃取部位	花朵
萃取方式	蒸氣蒸餾法
產　　地	法國、突尼西亞
主要成分	沉香醇、松油醇（萜品醇）、橙花叔醇、乙酸沉香酯

主要作用	**抗憂鬱、活化細胞、鎮靜** 對於壓力或心因性的身體問題（自律神經失調、腸胃不適、肌膚問題）全部都有很好的效果。有活化細胞的作用，因此可用於淡斑、撫平細紋，也可預防妊娠紋。
注意事項	
占　星　術	太陽 水瓶座

橙花在心理療效及皮膚療效上非常突出。當壓力反應到身體上，出現自律神經失調或胃潰瘍等情況時，橙花能夠舒緩緊張，放鬆心情並減輕身體的負擔。對皮膚，橙花不僅有活化肌膚的功效，對壓力造成的肌膚問題也有很好的平衡效果，可以調整內部的狀態，讓肌膚由內而外自然發亮。身為柑橘成員之一的橙花，也被歸為太陽的精油，它高貴優雅又溫暖慈愛的香氣，想必也充滿陽光般溫暖的力量。

在精神面上，橙花有以純粹的心情迎接靈感的力量。接受靈感的乍現，表示必須先打破自己心中先入為主的成見或是既成的常識觀念。先入為主的成見會變成一種濾鏡，使看待事物變得扭曲，或陷入主觀意識無法以直覺坦率地去接受。而橙花可以將身體與靈魂融合，整合自己的內在秩序與身體感官，不再著重在外界的規則或常識。此外，對於在生活中找不到快樂的人，橙花有加強聯繫高我的作用，它可以喚醒自己與未知世界的連接，幫助自己意識到未知領域的力量，進而消除對未來的焦慮或孤獨感、孤立感。

對於否定自我，甚至因此自傷的人，橙花也是一種可以帶來明亮的希望與光芒的精油。它可以為生命帶來肯定感，對於內心曾受創傷、否定自身存在的人，可以溫和地治癒傷痛，為內心點亮希望之光。

17 歐洲赤松

Scots Pine

肯定自我價值，
設立與他人的界線

學　　名	*Pinus sylvestris*
科　　別	松科
萃取部位	木質部
萃取方式	蒸氣蒸餾法
產　　地	芬蘭、美國
主要成分	蒎烯、石竹烯、乙酸龍腦酯、乙酸萜品酯、檸檬烯

主要作用	**促進血液循環、刺激、滋補、利尿、祛痰、抗感染、升高血壓、鎮痛** 促進血液循環，可用於暖身。消除體內鬱滯，緩解關節痛等疼痛。可修復肉體疲勞、精神疲勞、病後修復。咳嗽、喉嚨痛的感冒也可使用。少量即充滿力量，使用時請注意用量。
注意事項	敏感型肌膚、高血壓、孕婦不可使用
占　星　術	火星（海王星） 水瓶座、牡羊座、天蠍座

　　是從歐洲赤松針葉部位萃取而來的松科精油，在古典占星術中，針葉植物被認為是火星的植物，所以被歸屬在火星。歐洲赤松可促進血液循環、暖身、刺激鬱滯的身體機能、滋補、提升血壓，還有刺激腎上腺素、提高抗壓能力，這些也都是火星很常見的作用。

　　松樹是希臘神話中海神波賽頓（在羅馬神話是尼普頓）的聖樹。在日本沿海地區，松樹也常被當防風林使用，這是因為松樹可以抵抗鹽害。在其它所有植物幾乎都枯萎殆盡的海岸邊，只有松樹精神奕奕地生長著，也許古人就是看到了這樣的景象，才認為松樹受到海神波賽頓的鍾愛。

　　在精神面上，松科精油有肯定自我價值，而且有能夠好好區分自己與他人的力量。它也是可以提高專注力的精油，可以幫助自己將注意力專注在自我意願及慾望上，區分出自己與他人。對「界線」模糊且缺乏自信的人會有很好的幫助。另外對於火星能量弱、不懂如何擊退他人，或過於在意他人要求的人也很有用。如需要培養自我肯定，建立自信，並重新找回自我，歐洲赤松精油一定可以給予很大的幫助。也很推薦給容易受外界影響的人（對人或靈性方面）使用。

18

Sweet Basil

羅勒（甜羅勒、沉香醇甜羅勒）

發現本質、
修正偏差

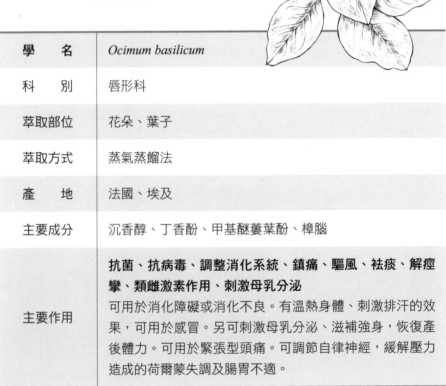

學　名	*Ocimum basilicum*
科　別	唇形科
萃取部位	花朵、葉子
萃取方式	蒸氣蒸餾法
產　地	法國、埃及
主要成分	沉香醇、丁香酚、甲基醚蔞葉酚、樟腦
主要作用	**抗菌、抗病毒、調整消化系統、鎮痛、驅風、祛痰、解痙攣、類雌激素作用、刺激母乳分泌** 可用於消化障礙或消化不良。有溫熱身體、刺激排汗的效果，可用於感冒。另可刺激母乳分泌、滋補強身，恢復產後體力。可用於緊張型頭痛。可調節自律神經，緩解壓力造成的荷爾蒙失調及腸胃不適。

注意事項	敏感型肌膚、孕婦不可使用 有多種化學型態，其中富含百里香酚的印度羅勒和富含甲基醚蔞葉酚的熱帶羅勒，因酚類成分較多不適用於此。
占 星 術	火星 天蠍座

　　傳說中，古代羅勒曾被當作抵抗惡魔之眼（Evil eye）的驅魔聖物。羅勒之名來自希臘語「Basileios」，有「君王」之意，由於與希臘語中的怪物「Basilisk」語感相似，因此尼可拉斯還曾留下：「除了毒蛇、毒蟲咬傷和生產，羅勒可說是一無是處」的辛辣言論。但是，就精油的功效而言，羅勒對於精神緊張或緊張造成的壓力都有很好的效果，它可以有效緩解固定宮星座特有的緊張感，適度地放鬆身體、恢復氣力。又或者當情緒過於鬆懈，想恢復專注力時，羅勒也可以發揮效果。在占星學上，由於它有促進血液循環、調節荷爾蒙、提高專注力等作用，所以是具有火星要素的精油。

　　在精神面上，羅勒有恢復頭腦清晰，幫助發現自我核心及本質的力量。當因為過於專注某件事情而忽略了周圍狀況時，羅勒可以幫助自己重新認識自己的本質或核心，並將注意力轉向於此。它還可以幫助恢復內在的平衡，並讓自己意識到凡事只要適當就好，不需要過度用力。對於腦中有某些念頭或想法總是揮之不去，或出現什麼極端的想法時，羅勒都能帶來很好的幫助。能幫助專注在當前最重要的事情上，帶來適當的專注力。所以當過於在意四周，或總是被四周的動向左右行為或想法時，羅勒都能帶來很好的效果。

19

Patchouli

廣藿香

激發並表現出最
根本的意志力

學　　名	*Pogostemon cablin*
科　　別	唇形科
萃取部位	葉子
萃取方式	蒸氣蒸餾法
產　　地	印度、馬來西亞
主要成分	廣藿香醇、安息香醛、肉桂醛

主要作用	**消炎、利尿、活化細胞、收斂作用** 加速體液流動，排出體內造成疲勞的物質及容易造成疼痛的物質，緩和水腫。提高肌膚新陳代謝、恢復肌膚緊緻，對油性肌膚、痤瘡、老化肌膚都有很好的效果。 也可抑制因壓力而暴增的食欲。
注意事項	少量可有效鎮靜，大量會造成刺激
占 星 術	太陽 金牛座

　　廣藿香在馬來西亞、中國、印度等地，從很久以前便已被當作藥物使用，像是蚊蟲叮咬及蛇咬傷的解毒劑，以及防止衣物被蟲蛀壞的防蟲劑。特別是在印度，自古以來就有將曬乾的廣藿香葉子夾在布料中散發香氣的習慣，19 世紀紅遍歐洲的印度產喀什米爾羊毛披肩，甚至還被認定只有帶了廣藿香香氣的才是真品。廣藿香的守護星是太陽，對於高緯度地區的人們而言，廣藿香奇特的香氣也許會讓人聯想到南方日照強烈的陽光。而它的功效，有提高肌膚新陳代謝、抗發炎等，也都是太陽常見的作用。

　　在精神方面，廣藿香精油是可以激發一個人最根本的意志力，並向外表現出來的精油。廣藿香有平靜、穩定的功效，可以幫助失序的生活回歸現實。同時也激發個人內在的太陽能量，以太陽所具備的整合力量，凝聚個人的意念。當用腦過度、或過度沉溺性事而產生身心分離的現象時，都能加以改善。它還能喚醒潛在的豐富創造力，找回生命力，也就是找回一個人內心深處的太陽力量。

20

Palmarosa

玫瑰草

放下執著

學　　名	*Cymbopogon martinii*
科　　別	禾本科
萃取部位	葉子
萃取方式	蒸氣蒸餾法
產　　地	印度、馬達加斯加
主要成分	香葉醇（牻牛兒醇）、乙酸香葉酯、沉香醇

主要作用	**抗菌（皮膚）、調整消化系統、增加免疫力、活化細胞** 可用於皮膚傳染疾病（如足癬等）。可促進淋巴系統，改善水腫。可幫助病毒型傳染疾病的病後修復。調節皮膚水分及皮脂分泌，預防皺紋形成。
注意事項	禾本科植物過敏者不可使用、孕婦不可使用
占 星 術	金星 雙魚座

　　玫瑰草有提高肌膚新陳代謝、調節肌膚水分及皮脂分泌，並預防皺紋形成的作用，再加上與玫瑰相似的華麗香氣，大概就是它歸屬於金星的原因。從促進淋巴流動（雙魚座）、改善病毒性腸炎（處女座）的作用看來，玫瑰草可說是與變動宮也就是雙魚座有關的精油。它對於足癬等真菌類的作用也是確定的，腳和雙魚座有關，這也是很不可思議的關聯。

　　在精神面上，玫瑰草則有化解強烈的執著，也就是幫助學習放下，並解開情感上的心結的作用。特別是情感上過分執著、或對特定的某人有依存情結，這種情感上的過度糾結，甚至已經對自身帶來疼痛的狀態，玫瑰草可以給予很好的幫助。禾本科植物同時具有土的能量，及象徵流動的水能量，所以對外可以促進身體淋巴流動，對內則可以放下心結與執著，幫助學習放手。金星還與戀愛有關，所以如果忘不了過去的戀人，或心中有什麼糾結時，使用玫瑰草會非常適合。在占星術中，「執著」無論好壞都與固定宮有關，而玫瑰草屬於固定宮的下一宮變動宮，因此擁有變動宮所具備的調整能力，也就是說它能夠以柔軟的方式給予面對的力量，並緩和固定宮所帶來的問題。

21　冷杉（膠冷杉）

Balsam Fir

開闊視野、
發現最需要且
最重要的東西

學　　名	*Abies balsamea*
科　　別	松科
萃取部位	樹皮
萃取方式	蒸氣蒸餾法
產　　地	北美
主要成分	α-蒎烯、水芹烯

主要作用	**殺菌、利尿、祛痰、鎮咳、鎮靜、緩和神經、收斂作用** 可緩和支氣管炎、氣喘等呼吸器官的狀態。可用於喉嚨疼痛或慢性咳嗽。具有利尿及抗菌作用，因此可用於膀胱炎等泌尿系統發炎。對肌膚則有緊實效果，適合老化肌膚、油性肌膚。
注意事項	
占　星　術	木星、土星 射手座

　　冷杉的品種很多，目前被當作精油來使用的主要有膠冷杉、西伯利亞冷杉、銀冷杉（歐洲冷杉）等。杉木由於耐久性高，自古以來在歐洲便常當作房屋建材，或用於造船。古希臘的哲學家兼植物學家泰奧弗拉斯托斯，在著書《植物志》中，將杉木描述為最有用的建築材料。冷杉在呼吸系統上的作用屬於土星，除了能夠緩和感冒及呼吸道症狀，還有利尿及抗菌作用，因此也常用於膀胱炎等泌尿系統的發炎。加上冷杉有抑制空氣中微生物的活性並淨化空氣，降低生病風險的作用，在寒冬時非常好用。

　　此外，一說到杉木，人們通常會迅速聯想到聖誕樹，據說這與古代日耳曼民族的常綠樹信仰有關，他們認為在嚴冬中也始終保持枝繁葉茂而不易凋零的杉木，給人一種生命永恆不朽的感覺。

　　在精神面上，對於重度或長期累積下來的壓力，冷杉有紓解神經緊張、穩定心境的作用。這種被大自然擁抱般的香氣，可以讓心靈感受到大自然的遼闊，重新認識自己也是大自然中的一部分，讓心靈平靜下來。冷杉還能激發來自大自然的力量，喚醒內心深處的熱情與氣力、恢復精神狀態。冷杉是一種可以幫助身心靈回歸自我的精油，因此特別是被煩心事逼迫，生活過得兵荒馬亂時，可以開闊視野，幫助身心靈重新審視整個人生，或因為失去歸屬感而感到不安、灰心時，也能幫助自己建立與自然界的聯繫，穩住自身的根基，並找回安全感。

Sweet Fennel
甜茴香

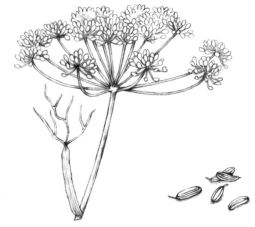

喚醒自我意識，
並充分表達

學　　名	*Foeniculum vulgare*
科　　別	繖形科
萃取部位	種子
萃取方式	蒸氣蒸餾法
產　　地	法國、地中海
主要成分	茴香腦、葑酮（fenchone）

主要作用	**調整消化系統、調節荷爾蒙、解毒、利尿** 促進腸道蠕動，消除腸脹氣與便祕，可用於消化不良。調整食欲，當失去食欲時可提升食欲、食欲過高則可抑制食欲。通過肝臟刺激作用可解宿醉、尼古丁等毒素。可用於月經失調、更年期症狀。
注意事項	懷孕中避免使用、注意使用量 肝臟疾病者不可使用、敏感型肌膚注意
占 星 術	水星 處女座

　　雖然從尼可拉斯留下的記載，已經明確得知甜茴香是屬於水星、處女座的精油，不過從它屬於繖形科（水星），以及對消化器官的作用（處女座）來思考，也是很名符其實。甜茴香雖然也具有解毒作用（解毒是作用於肝臟，與木星有關），但由於酮類具有肝毒性，使用過量會造成肝損傷。不過這一點從與木星相抗衡的角度來思考，也很符合水星特性。尼可拉斯還舉出做魚料理時經常使用甜茴香的例子，說明甜茴香可以去除魚身上的黏液，並以此當作與雙魚座相抗衡的解釋（雙魚座與處女座相對）。據說中世紀，人們在教會做禱告時，會習慣咀嚼茴香籽。這是因為在陽光照射不到的寒冷教堂中，性質為 Hot & Dry 的茴香可以保護肚子不受寒，以占星術上的對應關係來說，也符合了茴香（處女座）與教會（雙魚座）之間相對的關係。

　　精神面上，甜茴香是喚醒自我意識、幫助自己充分表達自我的精油。例如過於想成為他人眼中的好人而做出違心之舉，或被強迫完成自己不想做的事時，甜茴香都可以幫助自己學會在微笑中說不。因此，如果是在外總是唯唯諾諾，回家又常抱怨的人，甜茴香也許就能給你當場說出反對意見的力量。

Petitgrain

23 苦橙葉

充當橋樑，連接不
同性質的人事物攜
手合作

學　　名	*Citrus aurantium var amara*
科　　別	芸香科
萃取部位	葉子與嫩枝
萃取方式	蒸氣蒸餾法
產　　地	法國
主要成分	沉香醇、乙酸沉香酯

主要作用	**鎮靜、增強免疫、抗發炎、抗憂鬱** 可緩解精神上或壓力帶來的身體不適症狀。可用於緩解季節性身體狀態不良或憂鬱的情緒。有滋補皮膚組織、恢復彈性的作用。也可用於病後修復、夏季倦怠等。
注意事項	
占　星　術	太陽 牡羊座、水瓶座

　　苦橙葉從英文名字上來看，有「小小的果實」之意。這是因為過去在萃取精油時，最初並不是從葉子，而是從尚未成熟的果實中萃取而來的關係。苦橙葉也和其它柑橘成員一樣，守護星為太陽。苦橙葉具有的抗發炎、恢復疲勞、增強免疫等作用，都是太陽精油的基本特徵。苦橙葉還有緩和壓力或焦慮感造成的心跳加快的作用。所以，也可以想成是對宮的水瓶座，在跟與心臟有關的獅子座相抗衡的作用。苦橙葉在緩和季節性憂鬱上也很有效果，這是因為水瓶座通過太陽的季節是冬季，因此對於冬季日照時間過短而引起的憂鬱，苦橙葉能夠帶來如陽光般的作用，恢復內心明快感。

　　在精神面上，苦橙葉有像橋樑一樣的作用，它可以幫助個性迥異的兩人牽起對方的手。而且不僅是表面上的牽手，它可以幫助彼此間互相理解、接納對方，讓自己和對方都能在保有自我的前提下攜手合作。當被「不能過於依賴他人」的孤獨感籠罩整個內心時，苦橙葉可以幫助自己重新審視彼此間的關係以及雙方交流的方式，也藉此幫助自己喚醒自覺，激發新的可能性，為心靈帶來力量。從「結合、橋樑」來看，苦橙葉也很適合用作精油調香時的揉合劑。當思考遇到瓶頸時，幫助以客觀的角度看待事物，並額外為自己帶來激發新靈感的力量。

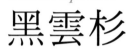

24 Black Spruce
黑雲杉

重新確認
自己的軸心

學　　名	*Picea mariana*
科　　別	松科
萃取部位	枝葉
萃取方式	蒸氣蒸餾法
產　　地	加拿大
主要成分	檸檬烯、α-蒎烯、乙酸龍腦酯、水芹烯

主要作用	**抗菌、袪痰、鎮咳、抗發炎、增強免疫系統、增強神經系統、荷爾蒙作用（腎上腺）、止癢、鎮痛** 可用於支氣管炎或咳嗽、感冒等感染症狀。有鎮痛作用，可用於緩解腰痛、肌肉疼痛。有類腎上腺皮質素作用，可緩解皮膚癢。也可用於壓力造成的神經疲勞。
注意事項	幼兒及孕婦不可使用、多少會有肌膚刺激性
占 星 術	土星 摩羯座

　　黑雲杉也是聖誕樹的熱門選擇之一（有 5～7 種）。據說是印第安原住民（拉科塔印第安人）為了強化與大型精靈的連結所使用的聖木。黑雲杉具有鎮痛作用，可用於肌肉疼痛，近年來還被發現對過敏性皮膚炎或搔癢也有很好的效果。皮膚是身體與外界之間的界線（土星），再加上對呼吸系統的作用（有排痰也就是排除黏液=Cold & Moist 的作用），所以才會被歸屬在土星。黑雲杉還有提高抗壓性的作用，如果壓力反應在皮膚搔癢、呼吸系統不適時，黑雲杉可以帶來很好的效果。

　　在精神面上，黑雲杉可強化內在與神聖的信念，可以恢復身心的能量，它還可以幫助自己將目光放遠一點，並提示出未來的人生道路。它可以幫助認清自己軸心所在，不被日常忙碌或眼前汲汲營營的一切影響，然後讓自己以長遠的眼光及寬廣的視野看待事物，並將精力專注地投入在真正有必要的事物上。當感覺陷入莫名的忙碌或因過勞感到精力不足時，黑雲杉也許就能幫助自己發揮出潛在的力量，支持自己投入真心想做並應該去做的事情上。

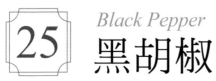

Black Pepper

25 黑胡椒

打破固有的觀念及
老舊的信念體系

學　　名	*Piper nigrum*
科　　別	胡椒科
萃取部位	果實
萃取方式	蒸氣蒸餾法
產　　地	印度、印尼
主要成分	石竹烯、檜烯、沒藥烯、檸檬烯、蒎烯

主要作用	**滋補、調整消化系統、鎮痛、加溫、解毒** 促進血液循環。緩解肩頸僵硬、肌肉疼痛（運動前可用）。緩解風濕痛、扭傷、神經痛。幫助消化，促進食欲。也可用於腹瀉、胸口灼熱、便祕。可提升免疫力、促進新陳代謝。
注意事項	具刺激性，孕婦、敏感型肌膚應避免使用 有腎臟疾病者應避免使用
占星術	火星 牡羊座、天蠍座、射手座

　　由於黑胡椒具備促進血液循環、紅血球生長（血液中的紅血球有含鐵（與火星有關）的血紅素）、加溫、提升新陳代謝等作用，因此是火星精油。過量使用會對腎臟（天秤座）造成負擔的一點，也是因為天秤座是牡羊座對向的星座。黑胡椒是溫熱效果相當明顯的精油，它還有溫暖腸胃、增進腸胃蠕動、提高消化功能的作用。

　　黑胡椒略帶辛辣的香氣，有活化精神面、提高活力與專注力，還有打破固有觀念及老舊的信念體系的力量。除此之外，黑胡椒還有激發個人的潛在能力，活化整個精神力的功效。它可以幫助自己信任內心的感覺，而非一味地遵循外在的規則或基準，並給予自己付諸行動的力量。如果有感到什麼也做不好、內心充斥著無力感的時候，黑胡椒精油能幫助掃除這種情緒，所以當有無法做出決斷、想把事情丟給他人時，黑胡椒精油即可帶來很好的幫助。此外，還有活力不足，總覺得身體沉重，動都不想動時，黑胡椒精油也能幫助消化內心糾結的情緒，卸下胸口重擔，並給自己帶來勇往直前的行動力。

26

Frankincense

乳香

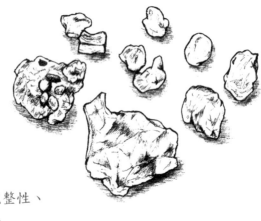

一個人的完整性、
調和的力量

學　　名	*Boswellia carterii*
科　　別	橄欖科
萃取部位	樹脂
萃取方式	蒸氣蒸餾法
產　　地	索馬尼亞、中東
主要成分	蒎烯、龍腦、馬鞭草酮

主要作用	**鎮靜、調節呼吸系統、活化細胞、滋補** 暢通呼吸道，並可引導呼吸加深。也可用在氣喘或過度換氣。有活化細胞的功效，可用於撫紋或預防妊娠紋。
注意事項	
占 星 術	太陽 牡羊座、獅子座

　　乳香樹脂經過焚燒，會升起一股非常舒服的香氣，而這樣裊裊升起的煙霧，據說會直達天堂，取悅天上的眾神，因此乳香自古以來便被當作神廟供奉神靈的焚香。而樹脂也意謂著樹木的靈魂（太陽），再加上神=太陽的觀念，而被認為其守護星為太陽。在聖經當中，乳香曾經登場無數次。相傳在耶穌誕生之際，東方三博士特地為耶穌獻上了乳香、沒藥、黃金三種珍貴的寶物，而留下了這個有名的故事。這三種寶物無論哪一項皆屬於太陽，對於深受大希律王暴政而苦不堪言的民眾而言，或許可以解讀出，這就是他們期待一個宛如新時代太陽誕生的希望。

　　在身體療效上，乳香最大的特色是對呼吸系統及肌膚的功效。乳香能鎮靜喉嚨、支氣管、肺部等黏膜組織，並緩和咳嗽及感冒等症狀，除此之外還有活化細胞的作用，可用來對抗老化帶來的皺紋及鬆弛。

　　在精神面上，乳香是擁有強烈調和力量的精油，它可以為腦中帶來光明與寧靜，並激發自身的核心，整合身心靈的狀態。當生活被各式各樣的瑣事困住，而使精神力變得破碎不堪時，乳香就是整合精神狀態的最佳精油。在古代神廟中用來創造神聖感的乳香，能夠治癒孤獨感，並為身心帶來足以接受環境變化的實際感受。乳香也有助於重新認識自身精神力或肉體能力，並幫助身心的調和。若有想不通究竟是為何而活，或感到每天都過得兵荒馬亂時，乳香即可帶來內心寧靜，找出調和的關鍵。

27 *Vetivert*
岩蘭草

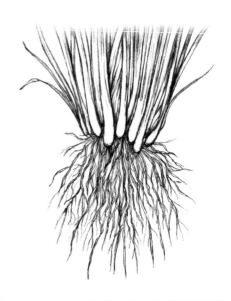

與大地連結、
穩穩扎根，
建立基石

學　　名	*Vetiveria zizanoides*
科　　別	禾本科
萃取部位	根部
萃取方式	蒸氣蒸餾法
產　　地	印度、印尼
主要成分	岩蘭草醇、岩蘭草酮（倍半萜醇類）

主要作用	**滋補、鎮靜、促進血液循環、活化細胞** 有強身健體、提高免疫的作用。可緊實皮膚、調整皮脂平衡。還有緩和搔癢、緩解關節炎造成的疼痛。 可調節更年期的女性荷爾蒙平衡。穩定精神、幫助接地。
注意事項	懷孕初期應避免使用
占 星 術	土星、（冥王星） 摩羯座

　　岩蘭草是與土元素關聯非常深的精油。它舒適且沉穩的香氣可以穩定心神，並修復脆弱的神經，所以也常被說是一款擁有鎮定劑功能的精油。對於壓力，岩蘭草如大地般沉穩的香氣與能量可以填滿身心，不僅可以為心靈帶來一步一步跨越艱難處境的力量，對壓力造成的荷爾蒙失調也有很好的效果。岩蘭草還可緩和關節炎造成的疼痛，在肌膚方面也有收斂、調節皮脂平衡，緩解搔癢等作用。從調節皮膚（土星）狀態、緩解關節（土星）問題的作用，可以得知岩蘭草與土星有關。

　　岩蘭草還能喚醒與大地連結的感受，它深深扎根於地底，就像是植物從地底汲取水分與營養生長壯大一樣，它可以帶給心靈如扎根於大地一樣，腳踏實地度過每一天的力量，幫助內心與靈魂共同成長。當在成長或追求成功的路途中感到焦急時，岩蘭草可以幫助重整心態，並檢視自身的技術或技能等基礎是否穩固，並告訴我們平靜下來、踏實地走出每一步的重要性。岩蘭草有很強烈的接地作用，很適合在冥想中使用，也很適合用來調節日常的身心狀態。

　　岩蘭草可以給人充滿穩定感的活力，對於過度重視精神面，而忘記身體重要性的人，岩蘭草也可以填補身心間的空缺，幫助自己意識到身體的重要性，支援全方面的成長。

Peppermint

歐薄荷

增強創意力、
溝通能力，
腳踏實地的發展

學　　名	*Mentha piperita*
科　　別	唇形科
萃取部位	葉子、全株
萃取方式	蒸氣蒸餾法
產　　地	法國、英國
主要成分	薄荷腦、薄荷酮

主要作用	調整消化系統、幫助頭腦明晰、調整體溫、鎮痛、抗發炎、增強免疫 可緩解瘀傷等疼痛及發炎症狀,並促進血液循環。促進肝臟作用。緩和消化道不適(嘔吐感、噁心感、消化不良)。緩和上呼吸道發炎症狀(也可用於花粉症)。
注意事項	懷孕期間、哺乳期間應避免使用、不可與順勢製劑併用、高血壓、癲癇患者不可使用
占 星 術	水星、金星 雙子座

　　尼可拉斯認為金星是歐薄荷的守護星。這是因為薄荷的品種有 30 種以上,其中有好幾種都擁有促進性興奮的作用,或常用於緩解月經不順的關係。但是身為薄荷眾多品種之一的歐薄荷,它主要的功能是調整消化器官及幫助思緒明晰,比起金星其實應該更偏向水星。歐薄荷的繁殖力非常旺盛,隨意剪枝扦插即可迅速繁殖。易於雜交也是它的一大特徵,所以考慮到很強的繁殖力(擴散力)及易於雜交(不執著)的特性,也足以佐證它比較偏向水星及雙子座的特性。

　　歐薄荷有激發創意、靈感,並提高溝通能力的力量,也可以幫助腳踏實地發展。歐薄荷還能告訴我們不要太過拘泥於自己的想法,當思慮過多陷入膠著狀態時,它可以帶來一股清風,幫助自己以全新的視角找出解決方法。還有當腦袋不停在運轉,身體卻都沒有活動時(如長時間做文書工作),還有過食、甜食攝取過多、偏食等情況,歐薄荷都有助於消除偏斜、打破現況。

29 *Bergamot*
佛手柑

明亮爽朗的光芒、
積極正向的力量

學　　名	*Citrus bergamia*
科　　別	芸香科
萃取部位	果皮
萃取方式	壓榨法
產　　地	義大利
主要成分	乙酸沉香酯、沉香醇、香柑內酯

主 要 作 用	**抗菌、調整消化系統、鎮靜、激勵作用** 可用於呼吸道、泌尿道感染。精神壓力導致的消化系統失衡。調節下視丘功能，修復自律神經、免疫系統的平衡。
注 意 事 項	光敏性
占 星 術	太陽 射手座（獅子座）

　　佛手柑與其它柑橘類精油一樣，是與太陽有關的精油。這是因為佛手柑有抗憂鬱的作用，在占星學上憂鬱狀態與土星有關，而太陽有對抗土星的作用。雖然調節呼吸系統（雙子座）以及消化系統（處女座）都是變動宮星座，但如果從抗衡的角度看，那麼也是和射手座與木星有關。從同時具備激勵與鎮靜作用的角度來看，佛手柑是非常有意思的精油。這一點主要是來自火元素的激勵，可以緩解神經（水星）的緊張，並放鬆心情（土星），由此可見也可以把它視為與射手座有關的精油。

　　精神面上，佛手柑明亮爽朗的光芒，可以為內心帶來積極正向的力量，這在某種意義上也代表自我的肯定。它能幫助確認自己內心的光芒，然後以自然而然的方式引出這一道光。因此，佛手柑可以說是既能適當地放鬆心情，又能幫助照亮自己優點的一款精油。並且，能夠撫慰悲觀心態、絕望或對未來的失望感。對於陷入悲觀、對未來產生封閉的心理狀態，都可以投射出一道希望之光，溫和地提高積極和熱情，展望未來。

30

Benzoin

安息香

從悲傷的深淵中
解脫、溫暖內心

學　　名	*Styrax benzoin*
科　　別	安息香科
萃取部位	樹脂
萃取方式	溶劑萃取法
產　　地	蘇門答臘、泰國、爪哇
主要成分	安息香酸甲酯、肉桂酸、香草醛

主要作用	**抗發炎、收斂作用、祛痰、鎮靜、利尿、強心** 加深呼吸，促進血液循環、溫熱身體。有鎮咳功效。可改善肌膚乾燥、龜裂問題。也可用於乾燥失去彈性的肌膚，以及乾燥造成的細紋。精神壓力造成的焦慮、消化道症狀。可緩解緊張。
注意事項	懷孕初期應避免使用
占　星　術	太陽 雙子座

　　安息香自古以來就被當作薰香使用。有「修道士的香脂」之稱，揮發速度非常慢，即使到了現在也常被當作香水的定香劑使用。安息香由於有抗菌、抗發炎、保護皮膚的作用，可以改善並治癒肌膚乾裂、乾燥造成的發炎症狀。抗菌、抗發炎作用都是太陽精油的一大特徵，再加上安息香還有強心的作用，也與守護星太陽有關。安息香還有鎮咳、加深呼吸等呼吸系統的作用，而呼吸系統與雙子座有關。安息香甜美的香氣對於緊張所造成的肩（雙子座）、頸（金牛座）僵硬，除了能夠起到舒緩的作用之外，它還能促進血液循環，並以此緩和肩頸僵硬的問題，所以才判斷與雙子座有關。

　　在精神面上，安息香能幫助從悲傷的深淵中解脫，並帶來自信心。溫暖且充滿慈愛感的香氣，可以為深陷憂鬱或在慟哭中的人伸出援手，幫助他們解脫，然後也給他們帶來自信心。安息香不僅有撫慰的功效，還有治癒並賦予力量的部分，其實也非常符合太陽的特性。太陽是與自信及自尊心有關的行星，當受到創傷而感到情緒低落、悲傷、失望時，太陽的力量可以幫助療癒內心的創傷，並恢復自信心，重新振作起來。

31 *Myrtle*
香桃木

帶來解決問題的勇氣、
從實際的角度著手處理
問題

學　　名	*Myrtus communis*
科　　別	桃金孃科
萃取部位	葉子
萃取方式	蒸氣蒸餾法
產　　地	突尼西亞、摩洛哥、西班牙
主要成分	桉葉油醇、α-蒎烯、檸檬烯、香葉醇、沉香醇、橙花醇、乙酸香桃木酯

主要作用	**祛痰、鎮靜、滋補、抗感染、收斂作用** 富含醇類，香氣雖然爽冽，但也有放鬆的特性。對小孩或老人咳嗽也適用。另可用於油性肌膚、青春痘、疱疹等症狀。可修復肌膚、改善泌尿系統、淨化並滋補生殖器。
注意事項	
占　星　術	水星、金星 處女座

　　香桃木在古埃及被視為一種繁榮的象徵，在古希臘則被當作獻給象徵愛與美的女神阿芙蘿黛蒂的聖樹。古羅馬時代醫師迪奧斯科里德斯曾在他的著作中指出，浸泡在葡萄酒中的香桃木，對肺部或泌尿道感染有很好的效果，而泌尿道以及象徵美的女神都與金星有關，因此香桃木才會被歸屬在金星。只是，香桃木對呼吸系統也有很好的作用，因此有另一說是將它歸屬在與支氣管有關的水星。在皮膚方面，香桃木有收斂、抗菌的作用，因此對於粉刺、痤瘡也有很好的效果。再加上性質溫和，老人小孩皆可使用，也可用於清潔身體各個部位，大概也是因為這一點，星座方面才被歸屬在處女座。

　　在精神面上，香桃木可以帶來解決問題的勇氣，並從比較實際的角度，提供解決問題的靈感。在面對現實或現實面上的問題，香桃木可以給予與之對峙的勇氣與精神力，並幫助跨越過去。同時，它還可以從比較實際且具體的角度著手處理這些問題，並一一解開癥結、解決問題。當面對棘手的事件讓你感到焦慮或擔憂，而你卻束手無策、想不到一個解決的方法時，香桃木將是很好的選擇。

32 甜馬鬱蘭

喚醒純粹的感官，
溫暖內心並強化心靈

學　　名	*Origanum majorana*
科　　別	唇形科
萃取部位	葉子、花朵、全株
萃取方式	蒸氣蒸餾法
產　　地	法國
主要成分	萜品烯-4-醇、松油烯（萜品烯）、沉香醇
主要作用	**鎮痛、鎮靜、加溫、調整消化系統、降血壓** 可用於改善壓力引起的自律神經失調及各種不適（消化系統、虛寒症等）。有加溫與緩和作用，可促進體液循環、血液循環，改善肩頸僵硬、失眠、便祕等。可改善消化不良、胃痛等。也可用於風濕痛或關節僵硬。

注意事項	使用過量會造成麻痺、懷孕初期應避免使用
占　星　術	水星 牡羊座、雙魚座

　　相傳馬鬱蘭是愛的女神阿芙蘿黛蒂所創。據說古代希臘人也會將馬鬱蘭當作抗痙攣、解麻痺型中毒的藥劑使用，或是當作香料、化妝品的材料使用。在古埃及馬鬱蘭還被當作獻給歐西里斯神的獻祭品。根據邦克斯（Richard Banckes）所著的《藥草誌》（*Herbal*）所述，馬鬱蘭的性質屬於 2 度的 Hot & Dry。尼可拉斯則認為馬鬱蘭是對大腦有益的藥草，而大腦的記憶與水星有關，頭則則與牡羊座有關，因此將馬鬱蘭的守護星歸在水星、牡羊座。根據尼可拉斯所述，馬鬱蘭對於虛冷造成的頭痛、胃痛、胸部疾病、肝臟／脾臟堵塞型、子宮問題等，都有溫暖及緩和的作用。再加上據說有消除舌頭發炎的功效，對於語言障礙的治療有幫助，而這些也被認為是與牡羊座（頭部）與水星（語言能力）有關的作用。馬鬱蘭有非常顯著的溫熱效果，因此有暖身油（Warming Oil）之稱，英國芳療大師羅伯·滴莎蘭德（Robert Tisserand）也說過馬鬱蘭對心臟有特別的加溫作用。

　　在精神面上，馬鬱蘭可以喚醒最純粹的感官感受，溫暖內心並強化心靈。通過喚醒內在最純粹的一面，培養動力與勇氣也增強氣力。所以，在感到深度的悲傷、無法重新站起來，或想要的得不到時，馬鬱蘭可以幫助重振精神，並增強自信、相信自己所擁有的力量，進而撫平及消解這種情緒。當在愛情或親情上得不到被愛的滿足感時，馬鬱蘭可以帶來安慰，並意識到自己才是有能力愛自己的人。

33

Mandarin

橘子

從親密關係中
療癒心靈

學　　名	*Citrus reticulata*
科　　別	芸香科
萃取部位	果皮
萃取方式	壓榨法
產　　地	義大利、巴西
主要成分	檸檬烯、松油醇、松油烯（萜品烯）、鄰氨基苯甲酸甲酯

主要作用	**抗憂鬱、滋補（肌膚）、調整消化系統、利尿、活化細胞** 有強化真皮同時增強柔軟性的作用，因此可以用於預防妊娠紋及軟化肌膚。增強肝功能、促進消化酵素分泌。 針對消化系統還能健胃、促進膽汁分泌、通便。也可用於改善情緒低落而導致的食欲減退。
注意事項	
占 星 術	太陽 巨蟹座

　　身為柑橘類的橘子，守護星也是太陽，星座則是與有舒緩焦慮、放鬆心情的巨蟹座有關。橘子的性質溫和，兒童也能放心使用。橘子可以撫平心無所依或失去歸屬感的焦慮情緒。散發親密感的甜蜜香味不僅能夠療癒心靈，充斥在空間中也有助於修復心中的信念。橘子精油對於精神問題造成的食欲或腸胃方面的問題（如厭食症、過食症、吃太多嘔吐、胃痛或腹瀉、便祕等）也有很好的效果，可以改善食欲減退或消化不良的問題。而且橘子雖然是柑橘類精油，但沒有光敏性，日夜皆可安心使用。

　　橘子還有助於安全感的建立，它可以讓自己認知到自己所處的環境是安全的，且有溫暖內心、平復情緒並帶來勇氣的功效。橘子甜美柔和的香氣充滿了溫暖的愛意，同時又有守護的感覺，對於童年時期因為不和睦的家庭關係而受創的人，可以治癒受創的內在小孩，並給內心注入穩定的能量，讓自己安心，繼續人生的路程。此外，橘子對於兒童受到驚嚇、不安或神經質也有很好的效果。

Myrrh

沒藥

找回自我核心，
獲得最原始的力量

學　　名	*Commiphora myrrha*
科　　別	橄欖科
萃取部位	樹脂
萃取方式	蒸氣蒸餾法
產　　地	索馬尼亞、中東
主要成分	莪術烯、莪術酮、欖香烯、蒎烯、杜松烯

主要作用	**抗菌、增強免疫力、鎮靜、袪痰** 可抑制口中細菌繁殖，所以牙齦炎及口內炎可以使用。可調節荷爾蒙平衡。可用於有咳嗽症狀的感冒，有止咳、刺激白血球活性、幫助恢復的效果。也可促進傷口修復。
注意事項	懷孕初期應避免使用
占星術	木星、太陽 摩羯座、雙魚座

　　是沒藥樹樹脂經過蒸氣蒸餾而成的精油。在古埃及，沒藥除了有防腐作用，被用來製作木乃伊的故事非常有名之外，據說在祭拜太陽的儀式中也會燃燒沒藥樹脂，用以獻祭給太陽神。耶穌誕生時，東方三博士贈送的沒藥、乳香及黃金，全部都是以太陽為守護星。除了增強免疫系統與抗菌是太陽精油的特徵外，從樹脂被視為樹木的靈魂（太陽）這一點來看，也是被歸屬在太陽精油的原因。除此之外，由於樹脂常用於宗教，因此木星（象徵宗教）也被並列在守護星之一。

　　在精神面上，沒藥可以幫助找回自我的核心，激發內在最原始的力量。它還代表重生，可以幫助發現自我的本質，讓自己無論何時何地都能找回自我、重新開始。特別是在遇到困難或人生面臨劇烈變化時，沒藥也有助於在認清事物本質的前提下往前推動，最終獲得真正的成長。藉由專注於本質，幫助自己認清過往的作為是否已經過於陳舊、是否有其必要性，然後迅速地修正方向。而這個修正方向的過程，也是整合身心靈之間的落差，強化整體的能量，讓來自靈性的直覺成為現實。

35 *May Chang*
山雞椒

找回自信、
以自身的意願行動

學　　名	*Litsea cubeba*
科　　別	樟科
萃取部位	果實
萃取方式	蒸氣蒸餾法
產　　地	馬來西亞、中國
主要成分	檸檬醛（含量高達 80%。檸檬醛是由橙花醛+香葉醛組合而成。有抗組織胺、抗菌、抗真菌、鎮靜作用）、沉香醇、香葉醇（牻牛兒醇）

主要作用	**增強免疫、鎮靜、降血壓、滋補、調整消化系統、驅蟲** 有強身健體並增強免疫力的作用，可用於身心虛弱時。可用於咳嗽、氣喘等呼吸道不適。也可改善食欲不振、消化不良、腸脹氣、噁心感等。有收斂作用，可抑制皮脂分泌，適合油性肌膚使用。
注意事項	敏感型肌膚不可使用
占 星 術	太陽 射手座

　　山雞椒還有山蒼子、山胡椒、木椒等別名。山雞椒精油是從果實中萃取而來，這種果實原產地在中國，也被當作調理食物的香料使用。山雞椒有調整心臟及循環系統的作用，再加上也有提高氣力的效果，所以被歸屬為太陽精油。提高免疫力、支氣管等作用和變動宮有關，滋補、激勵則是有從內部加注火力之意，所以星座方面則是被歸在射手座。除此之外，有關咳嗽的部分，雖然呼吸系統與雙子座有關，但也可以從相對的射手座發揮調整作用的角度來理解。

　　在精神面上，山雞椒有幫助找回自信，並督促在自我的意願下行動的功效。山雞椒的香味雖然與檸檬香茅相似，但檸檬香茅的作用主要在於體液循環，而山雞椒是氣的循環。因此在感到沮喪、悲傷，或因為深陷某種情緒而無法自拔時，山雞椒可以幫助疏通這種停滯的狀態，並為內心注滿力量。當需要與人談判或發生衝突時，總是不知不覺被他人的要求逼迫、對他人的一言一行都非常在意，總是被他人言行左右情緒時，山雞椒可以激發太陽的能量，除了幫助找回自信之外，也賦予自己力量，讓自己能學會以自身的意願決定事物，並採取行動。

36

Lemon Balm

香蜂草

放鬆情緒，
看向光明

學　　名	*Melissa officinalis*
科　　別	唇形科
萃取部位	葉子、全株
萃取方式	蒸氣蒸餾法
產　　地	法國、英國
主要成分	香葉醛、橙花醛、香茅醛、沉香醇、香葉醇

主要作用	**鎮靜、抗過敏、消炎、抗菌、抗憂鬱** 可用於精神亢奮、壓力造成的消化道不適及過敏症狀。也可用於自律神經失調、高血壓、心慌、失眠、過度換氣、頻脈等。可緩和神經過敏，適合驚嚇、恐慌、歇斯底里。
注意事項	皮膚刺激、孕婦應避免使用
占 星 術	月亮、木星 獅子座、射手座

　　11 世紀的阿拉伯醫學家阿維森納（Avicenna）曾在《醫典》（*The Canon of Medicine*）中寫下「香蜂草有使心情變得明亮，並有補陽氣、增強活力的作用」。瑞士醫學家帕拉塞爾蘇斯甚至將香蜂草視為可以使人復活的靈丹妙藥，並將香蜂草稱為「生命的萬能藥」。阿維森納認為香蜂草能夠驅除體內的黑膽汁，黑膽汁在占星術中與土星有關，香蜂草是利用對土星的抗衡作用，抑制黑膽汁的形成，因此與木星有關。而星座方面，則是因為有調節心血管相關的自律神經（如緩和心律不整或心悸）的作用，暗示與獅子座有關聯。

　　在精神面上，香蜂草是嚮往光明的，它可以帶來鼓舞的力量，讓自己能夠抬起頭迎接光的降臨，幫助自己意識到光的存在。此外，香蜂草也能撫平黑膽汁過多造成的憂鬱情緒，或者是說改善土星能量過剩造成的憂鬱狀態，然後幫助體內氣的循環。當內心感到精疲力竭、鬱鬱寡歡，失去前進的動力時，香蜂草可以幫助指引出光照的方向，帶來積極向上的能量。對於正面臨不知所措的情況，或因為工作問題處於極度緊張的人，香蜂草就像一盞明燈，照亮內心的每一個角落，能徹底地放鬆心情。

Yarrow
西洋蓍草

靈魂護身符、
被保護的感受

學　　名	*Achillea millefolium*
科　　別	菊科
萃取部位	花朵的頂部
萃取方式	蒸氣蒸餾法
產　　地	美國、歐洲
主要成分	母菊天藍烴、對傘花烴、檜烯、月桂烯、樟腦

主要作用	**類荷爾蒙作用、鎮痛、解毒、抗菌、抗發炎、調整消化系統** 有止血、殺菌作用，可修復傷口。可用於靜脈瘤或痔瘡。 調節荷爾蒙平衡，可用於月經不順、生殖器官不適、更年期障礙。改善消化道問題，恢復食欲。
注意事項	敏感型肌膚、孕婦不可使用 癲癇患者不可使用
占 星 術	金星 天蠍座、巨蟹座

　　西洋蓍草學名中的 *Achillea*，源自於在希臘荷馬史詩中登場的勇者阿基里斯。主要是來自於阿斯里斯的長矛同時具備殺傷力與治癒力，以及阿基里斯在特洛伊戰爭，利用西洋蓍草止血的傳說。自古以來，西洋蓍草就被用以治癒外傷及止血，外傷與流血在占星術上都屬於火星，而與火星抗衡的是金星，因此認為金星為其守護星。西洋蓍草也有金星精油特徵之一的調節荷爾蒙作用，從這一點也可以佐證它的金星屬性。西洋蓍草也被用於驅魔，這是因為古人認為受了傷的傷口，如被惡靈入侵就會導致惡化。儘管現在已經知道那是因為細菌感染引起的，但西洋蓍草所具備的抗菌、收斂作用，也確實可以透過抑制傷口細菌繁殖，進而治癒傷口。這樣的作用，在古代就像可以驅除惡靈、保護身體不被外來的力量侵入一樣。另外還有只要在嬰兒搖籃掛上蓍草，就能抵擋魔物靠近的傳聞。

　　在精神面上，西洋蓍草具有像護身符一樣的作用，可以給身心帶來被保護的感覺。就像前述的驅除惡靈一樣，用在身體與外界的邊界，也就是皮膚上，它同樣有保護不被入侵的作用。用在內心，對於邊界被侵犯而過度敏感，或因此無法再與人親近，甚至感到恐懼時，西洋蓍草都能發揮很好的效果。它可以讓人感受到被保護的實感，進而釋放並昇華對他人的恐懼與怒意。

38 尤加利

Eucalyptus radiata

藉由樂觀思考，
幫助深呼吸

學　　名	*Eucalyptus radiata*
科　　別	桃金孃科
萃取部位	葉子及嫩枝
萃取方式	蒸氣蒸餾法
產　　地	澳洲
主要成分	桉葉油醇、α-蒎烯、水芹烯、松油醇（萜品醇）

主要作用	**抗發炎、增強免疫力、鎮靜、祛痰** 緩解上呼吸道（耳鼻咽喉）發炎、祛痰。緩和花粉症。緩和肌肉、碰撞造成的疼痛。幫助頭腦明晰，提升專注力。
注意事項	敏感型肌膚須注意使用
占 星 術	土星 水瓶座

　　尤加利是桃金孃科尤加利屬（Eucalyptus）的總稱，當中的種類非常多。芳療常用的主要有澳洲尤加利與藍膠尤加利。據説在早期，澳洲原住民就會利用尤加利葉來治療傷口。

　　尤加利雖然被用來改善呼吸道不適，但澳洲尤加利用來改善鼻子或上呼吸道，而藍膠尤加利則是更深的部位，分為不同的使用法。但兩者都有鎮咳、調節呼吸道的作用。呼吸道疾病如黏液過多（Cold & Moist）的症狀，在古典占星術上較多是由土星（Cold & Dry）有關的藥草來對應，因此尤加利同樣也屬於土星。

　　在精神面上，尤加利藉由樂觀思考，幫助加深呼吸的作用。它可以幫助開闊視野，意識到更加寬廣的世界，因此對於敏感或過度沉浸在自己世界的狀況會有很好的效果。

　　尤加利還可以確保安全感，打造出一個能好好呼吸的空間。當感到苦悶、呼吸不順暢時，它可以緩解上半身的緊張與恐懼感，給自己一個能夠緩慢且深呼吸的空間。當對事物的看法變狹隘時，尤加利也像是給自己開啟氣孔一樣，幫助身心呼吸新鮮的空氣。當有任何事感到膠著、得不到結論時，可以好好地放鬆。

39

Yuzu

柚子

為闇夜帶來光明

學　　名	*Citrus junos*	
科　　別	芸香科	
萃取部位	果皮	
萃取方式	壓榨法、蒸氣蒸餾法	
產　　地	日本、中國	
主要成分	檸檬烯、月桂烯、蒎烯、紫蘇醛	

主要作用	加溫、促進血液循環、滋補、抗菌、利尿、促進消化、調節自律神經 有暖身的作用，可以幫助體液循環、促進新陳代謝。可用於虛冷、消除疲勞。也可用於恢復食欲及消化不良。可預防感冒。肌膚保濕、促進肌膚新陳代謝、抗老。
注意事項	使用壓榨法萃取者需注意光敏性
占 星 術	太陽 摩羯座

　　長久以來，柚子就一直是日本人非常熟悉的果實。除了果汁、果皮會用在日常烹調上，冬至還要泡柚子浴，用途非常廣泛。冬至是一年當中日照時間最短的一天，也是太陽能量最弱的一天，所以才需要從外觀如太陽般又黃又圓的柚子來補充陽氣，這也被視為一種養生。順帶一提，日本冬至吃南瓜的習慣也同樣源自於此。柚子的暖身、幫助血液循環、促進新陳代謝來消除身體疲勞的作用，也可以說都是太陽的作用。當感到疲勞，或因為壓力使自律神經發生失調、喪失食欲、腸胃狀況不佳、腹瀉或便祕時，皆可用於緩解疲勞、調節自律神經並改善不舒服的症狀。對於月經前的焦躁、低落及情緒不穩，柚子也都有很好的效果。

　　在精神面上，柚子可以為苦悶的心境帶來陽光，指引情緒走向明亮的方向。特別是當工作或環境問題，不得不忍耐一些事情時，或感到痛苦、疲勞感快到達極限時，柚子可以帶來如陽光一樣的力量一掃疲勞感，幫助內心恢復元氣。它就像是在不得不面對的寒冬中，破天而降的一道光，不僅溫暖了內心，也幫助恢復氣力，給自己再多一點忍耐的力量。此外，對於責任感帶來的壓力，柚子也有助於放下心中重擔，放鬆情緒，並給予繼續打拼的力量。

40

Lime

萊姆

突破、創新。捨去慣
於依賴的自己，喚醒
自己原始的一面

學　　名	*Citrus aurantifolia*
科　　別	芸香科
萃取部位	果皮
萃取方式	壓榨法、蒸氣蒸餾法
產　　地	義大利、美國
主要成分	檸檬烯、蒎烯、沉香醇、香柑內酯、香葉醛、松油醇

主要作用	**調整消化系統、滋補、加溫、止血、殺菌消毒** 刺激食欲，並幫助恢復氣力，可用於病後恢復或夏季倦怠。可用於感冒等感染疾病的預防。可用於割傷、蚊蟲咬傷。幫助體液循環、抗發炎，可用於肌肉疼痛、關節痛、風濕痛。抑制皮脂分泌，適用於油性肌膚
注意事項	使用壓榨法萃取者需注意光敏性、敏感型肌膚不可使用
占 星 術	月亮、天王星 牡羊座、水瓶座

　　萊姆精油分為壓榨法萃取與蒸氣蒸餾法萃取兩種。壓榨法萃取者含有具光敏性的香柑內酯，蒸氣蒸餾法萃取者則不含這個成分。另一方面，壓榨法萃取的精油，香氣會比蒸氣蒸餾法萃取的還要鮮明，所以會用在按摩、美容使用，或擴香使用。萊姆雖然是柑橘類，具有太陽精油所具備的抗菌及暖身作用，但它爽冽的香氣與略為獨特的苦味，在提振精神、轉換心情上有非常強的作用，因此也與天王星有關。

　　在精神面上，萊姆具有突破與創新的力量，它可以幫助喚醒自己最原始的一面。萊姆微微的苦澀味，可以幫助自己捨棄慣於依賴的一面，找回自己原本的模樣，喚醒自我意識。萊姆也有強化自主性的作用，當需要獨自思考的空間時，萊姆可以給予強力的幫助。此外，萊姆對於容易被四周環境或他人想法行動影響的人，也可以幫助斬斷來自周圍的影響，讓自己清醒地思考自己想怎麼做，並幫助自己提升自覺。當因為土星的儀式感或規則感到拘束、窒息時，萊姆也可幫助轉換心情，並帶來突破的力量。

Ravintsara

羅文莎葉

表達自我

學　　名	*Cinnamomum camphora BS 1,8-cineole*
科　　別	樟科
萃取部位	花朵、葉子
萃取方式	蒸氣蒸餾法
產　　地	馬達加斯加
主要成分	桉葉油醇、蒎烯、檜烯

主要作用	**抗發炎、袪痰、鎮痛、增強免疫** 有鎮咳、提高免疫力的作用，因此可用於感冒或流感等感染疾病。對於咳嗽或鼻竇炎（鼻塞）也有很好的效果。 可用於肩頸僵硬、肌肉疼痛、腰痛、關節痛。
注意事項	懷孕期狀態不穩定者（略有通經作用）
占 星 術	木星（太陽） 天秤座

　　羅文莎葉在馬達加斯加語中，有「對身體很好的葉子」之意，也被當作萬能藥使用。在感冒流行季節或花粉季節，如果能擁有一支羅文莎葉精油，等同於擁有超級寶物。此外，它還有緩解肌肉疼痛及肩頸僵硬、關節疼痛的效果，是守備範圍相當廣的精油。羅文莎葉雖然從抗菌及提高免疫力的作用來看與太陽有關，但考慮到緩和及促進膽汁分泌的作用，也有木星的要素。考慮到腰痛（天秤座）、關節痛（摩羯座）與呼吸系統（風象星座），再加上還有刺激腎上腺素的作用，因此在星座方面還是歸屬在天秤座。

　　在精神面上，羅文莎葉有穩固內心、充實內在能量，還有鼓勵表達自我的功效。當面對他人容易感到拘謹，或一到公共場合就感到焦慮時，它可以穩固內心的基石，撫平焦慮及擔憂感，給予面對他人的勇氣。此外，羅文莎葉也可以讓自己認知到焦慮都是源自於自己，藉此讓自己學會放下不安。羅文莎葉的香氣是溫和且堅韌的。當精神上感到驚嚇、恐慌、強烈的沮喪等緊急的狀況時，它都能以一種自然舒服的方式緩緩靠近，給予支持，並帶來獨立面對的力量。

42 *True Lavender*
真正薰衣草

梳理腦中繁雜的
思緒

學　　名	*Lavandula angustifolia*
科　　別	唇形科
萃取部位	花朵、葉尖
萃取方式	蒸氣蒸餾法
產　　地	法國、英國
主要成分	乙酸沉香酯、沉香醇

主要作用	**調整消化系統、鎮靜、活化，修復細胞、抗發炎、抗菌** 可平衡自律神經，降血壓、調整呼吸。可用於神經過敏造成的腸胃症狀、神經性腹瀉。有活化肌膚細胞與抗菌作用，可用於傷口處理或燒燙傷。也可用於日曬後保養。可用於頭痛（緊張型頭痛、偏頭痛）、恐慌、歇斯底里。
注意事項	懷孕初期應避免使用
占 星 術	水星 處女座

　　薰衣草在自律神經系統，及緩和緊張方面是效果非常優異的精油。薰衣草的守護星為水星，這是因為唇形科植物大多都與水星有關，再加上緩和神經系統的作用也是由水星掌管。

　　薰衣草（Lavender）源自於拉丁文「lavare」，有清洗之意（※另一說則是來自拉丁文「livere」，有藍色之意）。德國神學家赫德佳・馮・賓根也說使用薰衣草是為了「保持純粹」。在占星術上，認為薰衣草與處女座有關，處女座代表了淨化與潔淨，可能就是因為這樣才被歸屬在處女座。處女座的身體對應部位是小腸，所以神經性腹瀉的作用也是與這個對應有關。

　　在精神面上，薰衣草有助於梳理大腦繁雜的思緒。即使生活緊張忙亂，也能幫助鎮靜並幫助大腦放鬆，讓大腦恢復到隨時能迎接靈光一閃的狀態。特別是多個行星落在變動宮時，經常會有思緒紛飛、腦筋轉個不停的時候，還有當思慮過多無法入睡時，也可以讓大腦徹底關機。除此之外，薰衣草還有助於關注本質，並將其它無關的事物撇除在外，消除混亂，讓心情放鬆，不慌不忙面對問題。

43

Lemon
檸檬

轉換心情，
做出最好的選擇

學　　名	*Citrus limon*
科　　別	芸香科
萃取部位	果皮
萃取方式	壓榨法
產　　地	義大利、美國
主要成分	檸檬烯、檸檬醛、香豆素
主要作用	**調整消化系統、提升免疫力、抗菌、頭腦明晰、促進血液循環、加溫、溶解結石** 可促進膽汁分泌，並提升肝臟功能。調整消化系統（健胃、驅風、軟便）。幫助頭腦明晰、提振精神。促進血液循環、溫暖身體。

注意事項	光敏性、敏感型肌膚需注意
占 星 術	月亮 雙子座

　　檸檬原本是來自於印度、東南亞，後來傳至古埃及、希臘等地，成為了大眾生活中不可或缺的植物。在西元前 5～6 世紀，巴比倫所舉行的儀式中，即可看到有關使用檸檬的敘述。在古埃及，檸檬被當作消毒劑使用，除了保護身體，預防毒素入侵或食物中毒之外，據說也被用於流行性熱病的治療。埃及卡納克神廟的壁畫也留下了檸檬樹的痕跡，從這些都可以看到檸檬融入古代人民生活的模樣。到了現代，檸檬也被用於抑制食物中（特別是肉與魚）細菌繁殖，防止腐敗與病原菌感染。柑橘類植物大多都與太陽有關，但檸檬的主要作用在於胃（月亮、巨蟹），以及溶解結石則是土星症狀的抗衡作用，因此守護星是月亮。而幫助思緒清晰、促進氣的循環則是與雙子座有關。

　　在精神面上，檸檬有轉換心情，幫助做出最好的選擇，促進決策力的作用；切換情緒狀態、洗去當下不需要的想法及觀念，並帶領自己做出最好的決策。在某個意義上，也可以說就像是清潔劑一樣，洗去內心的迷茫與膠著。自古以來，檸檬就被認為可以去除多血質（古希臘四大氣質性格分類之一，此性格熱情有活力，但有浮躁和容易分心的缺點，屬性為 Hot & Moist）的熱，因此可以用來緩解上火、擔心或混亂、不安的情緒。當落入情緒化，或被疑惑感給迷惑了心思時，檸檬精油可以幫助頭腦恢復明晰，以做出適當的判斷，並增加對自己的信賴與安心感。

　　此外，檸檬在人際關係上，也有驅散心中迷惘的作用，可以讓自己更加相信自己、也相信他人，在與對方的關係上，檸檬精油也可以幫助自己說出想說的話，消除心中不痛快的感覺。

Lemongrass

檸檬香茅

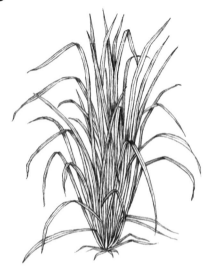

激發腳踏實地的
思考

學　　名	*Cymbopogon citratus*
科　　別	禾本科
萃取部位	葉子
萃取方式	蒸氣蒸餾法
產　　地	印度、斯里蘭卡
主要成分	檸檬醛、香茅醛、橙花醛、香葉醇

主要作用	**調整消化系統、抗菌、防蟲、促進體液循環、鎮痛** 可用於消化不良。促進體液流動，幫助造成疲勞的物質排出。可用於肩頸僵硬、肌肉疼痛，推拿。有調節皮脂分泌與抗菌作用，可用於青春痘肌膚。改善鬆弛的肌膚增加彈性。可用於足癬。
注意事項	敏感型肌膚不可使用。兒童、孕婦應避免使用 青光眼不可使用
占 星 術	水星 雙子座

　　檸檬香茅是一種帶有檸檬香味的禾本科植物，經常用於料理與香草茶。據說在印度阿育吠陀的系統中，也被用來治療熱病與感染疾病。檸檬香茅因為有調節消化功能與抗橘皮組織的作用（脂肪與木星有關），因此被視為水星精油。促進體液循環的作用則是與變動宮有關，再加上繁殖力強，因此被視為雙子座精油。

　　在精神面上，檸檬香茅有腳踏實地、恢復心理健康的功效。當面對事物總是帶著譏諷心態，或心中充滿負面想法時，檸檬香茅可以幫助自己整理思緒，建立自信與安心感，同時能落地現實，並且好好思考該如何有序地發展下去。當發現自己在批判他人是為了否定而否定，而不是從事實或現實面考慮時，檸檬香茅也可以發揮很好的作用。當行動與思考分離、光說而不動或動不了時，檸檬香茅即可整合身心，讓能量正常循環，並糾正偏見，強化思考與行動的同步性。

45 奧圖玫瑰

Rose Otto

了解愛的本質

學　　名	*Rosa damascena*
科　　別	薔薇科
萃取部位	花朵
萃取方式	蒸氣蒸餾法（使用蒸餾法取得的稱為奧圖玫瑰精油）
產　　地	保加利亞、土耳其
主要成分	香葉醇、香茅醇、橙花醇、沉香醇

主要作用	**淨化血液、促進荷爾蒙分泌、活化細胞、抗憂鬱、調整消化系統** 可調節荷爾蒙分泌，還能緩解各種婦科問題並滋補子宮。也可用於平衡男性荷爾蒙。提高皮膚新陳代謝，適合所有肌膚類型。
注意事項	
占 星 術	金星 金牛座

　　有關玫瑰的記載，追溯到最古老的是古美索不達米亞的《吉爾伽美什史詩》，在故事中出現有關玫瑰的刺的敘述。之後，玫瑰就深受各地人們的喜愛，除了它美麗的模樣，在古希臘、古羅馬的神話中，也與象徵愛與美的阿芙蘿黛蒂女神及維納斯女神有關。尼可拉斯在文獻中留下了「紅玫瑰屬於木星、大馬士革玫瑰屬於金星、白玫瑰屬於月亮、普羅旺斯玫瑰則屬於法國國王」的記載，並認為玫瑰有助於排出致鬱物質黑膽汁（古希臘～中世紀時期所信奉的四體液學說中的一種體液）。有關於精油的作用，玫瑰有調節荷爾蒙的作用，而且也有與美容相關的作用，所以被歸屬在金星是無誤的。

　　在精神面上，有幫助了解愛的本質，並有實際感受愛的作用。它是愛的象徵，可以擴大並豐富女性特質中固有的生產力與創造力。性質為Cold & Moist，若它略微高冷的香氣會讓人感到寂寞，那可能表示愛自己或愛他人的能力，曾經因為被拒絕或喪失的經驗而受到傷害。對於這種情況，玫瑰精油可以給予溫暖的安慰，並讓人意識到無論任何人，都有資格擁有完整的愛。當因為虐待或絕望使心靈受到重創時，也可以幫助自己重新相信愛也重新相信他人，並以溫暖的愛重新填滿受傷的心靈。

46

Rosewood

花梨木

治癒過去的傷痛，
建立有安全感的人
際關係

學　　名	*Aniba rosaeodora*
科　　別	樟科
萃取部位	木質部
萃取方式	蒸氣蒸餾法
產　　地	巴西
主要成分	沉香醇、松油醇（萜品醇）、香葉醇

主要作用	**增強免疫、鎮靜、活化細胞** 可提高免疫力、適合病中或病後的恢復期使用。有恢復肌膚彈性與柔軟性的作用。改善壓力型頭痛。
注意事項	
占　星　術	太陽 雙魚座、射手座

　　花梨木是一種被稱為「Bois de Rose」，生長在亞馬遜熱帶雨林地帶的常綠樹。它甜美、溫柔的香氣，初聞之下是柔美的氛圍，但又有樹木特有的溫暖且堅韌的深沉感，這一點也讓人聯想到雙魚座強韌的內在。花梨木是在南美強烈的日照下培育而成的植物，有增強免疫及活化肌膚細胞的作用，以及消除疲勞等，都具備了太陽精油的特質。而提高免疫力，有助於感冒或感染疾病恢復，以及病後修復，改善壓力型疼痛（胃痛、腹痛、頭痛）等，是雙魚座精油的典型作用。

　　在精神面上，花梨木有以柔和的愛，治癒內心傷痛的力量。當身心感到虛弱不堪時，它就有如靠山一樣給心靈提供背後的支持，並療癒內心的傷痛與負擔，給予以自己的雙腳重新站起來的力量。花梨木是一種象徵廣義的愛的精油，像是全人類的愛等人與人之間的愛，它可以幫助建立充滿安全感的人際關係。由於樹木生長需要很長的時間，因此樹木往往也象徵著更深奧的部分。花梨木的香氣也是，比起單純的戀愛問題，它更多的是調整心態、幫助自己以最好的形象面對人的愛與情感問題。因此，除了戀愛問題，花梨木也可以幫助療癒因為人際關係而受傷的心靈，並在與他人建立健全且充滿安全感的人際關係上給予支持的力量。花梨木還能擁抱所有過去深刻的傷與失敗帶來的陰影，緩緩地治癒它們，並給予心靈腳踏實地的安心感。

47

Rosemary

迷迭香

專注當下、
順其自然

學　　名	*Rosmarinus officinalis*
科　　別	唇形科
萃取部位	花朵、葉尖
萃取方式	蒸氣蒸餾法
產　　地	法國
主要成分	桉葉油醇、馬鞭草酮、龍腦、α-蒎烯

主要作用	**調整消化系統、頭腦明晰、體液循環、活化細胞、抗菌** 可用於消化系統不適。活化肝臟功能、促進排毒。可刺激神經系統，幫助頭腦明晰、預防失智。有抗老作用。保護頭髮（促進血液循環、適用於脫髮及頭皮屑問題）。
注意事項	高血壓患者需注意使用量、懷孕初期應避免使用 癲癇患者不可使用
占 星 術	太陽 牡羊座

　　迷迭香是從古代就已經被使用於生活中的植物。在古希臘，迷迭香被視為神聖的藥草，可以用於驅魔、幫助頭腦明晰、增強腦部功能與記憶，同時也被視為愛與忠誠的象徵。

　　根據尼可拉斯的記載，迷迭香是與太陽、牡羊座有關的藥草，它擁有溫熱的性質，對因為虛冷帶來的頭部、胃、肝臟、腹部的問題都很有益處。在精油功效上，迷迭香對於所有的頭部疾病都有很好的效果，還記載只要在太陽穴或鼻腔塗上 2～3 滴，即可緩和症狀。與頭部或記憶有關是屬於牡羊座，回春也是與太陽有關的要素，可以幫助提高氣力並激勵生命的動力。除魔也與太陽有關，從這些層面看來，迷迭香確實是屬於太陽、牡羊座精油。

　　在精神面上，迷迭香有專注「當下」的力量，同時也主張順其自然。對於老化或氣力低弱，迷迭香可以發揮出太陽精油的力量幫助修復。迷迭香也是提高自信與自尊心的精油，可以幫助自己發現自我價值，並帶來實現自我所需要的原動力。此外，迷迭香還可以提振精神，幫助頭腦清晰，讓意識專注在「現在、這裡」。從前，迷迭香是被當作對抗無氣力與憂鬱使用的藥草，因為它可以照亮記憶中的每一個角落，同時也照亮自己最好的一面或優秀的資質，幫助自我認同，並振奮精神、恢復氣力。

注意事項

精油是萃取植物芳香成分的產物，含有多種化學成分，所以在使用時有幾點需要特別注意。使用前，請務必仔細閱讀各精油的注意事項。

【1】精油原液不可直接使用在肌膚上、不可飲用、需保管在陰冷的場所中

精油若要使用在肌膚上，必須先做好稀釋。基本上只需要調配成 1～2%左右的濃度即可使用。也有一些精油，敏感型肌膚需要特別注意。

精油具有高揮發性，不可置放在高溫多濕的場所。精油若放置在日光直射下，容易產生劣化，所以應該置入遮光瓶，並保存在陰冷的場所中使用。避免靠近火源。

【2】孕產婦需特別注意的精油

有一些精油，像是快樂鼠尾草、雪松、茉莉等都具有通經、幫助子宮收縮的功效。由於孕產婦對香氣非常敏感，所以當某種香氣讓孕產婦感到不舒服時，應停止使用。

懷孕初期需要特別注意的精油：薰衣草、迷迭香、天竺葵、絲柏。

哺乳中需特別注意的精油：歐薄荷。

【3】嬰幼兒應注意

嬰幼兒比大人還要敏感，而且更容易受到精油的影響，因此除了擴香之外，一般不建議使用。即使要使用，用量也必須少於大人所使用的量。

【4】有慢性疾病者應注意

對於有特定疾病的人，某些精油可能會有造成病情加重的疑慮，請特別注意。

例如西洋蓍草（癲癇症）、迷迭香（癲癇症、發燒、高血壓）、甜茴香（肝臟疾病）等。

【5】有關光敏性

有一些精油，像是佛手柑和檸檬等，利用壓榨法壓榨果皮萃取而來的精油，通常含有光刺激的成分（呋喃香豆素）。若將含有此成分的精油使用於肌膚上時，請避免在使用後 12 個小時內，沐浴在強烈的日光下（甜橙與橘子雖然屬於柑橘類，但不含呋喃香豆素）。

成為多樣性社會的一簇燈火

在芳香療法的療程中選擇精油時，必須根據客戶的狀態與訴求決定使用的精油。

這時候，該以什麼當作判斷的基準，其實有很多的判斷材料。例如藥理效果、生理學上的要素、中醫上的觀念以及脈輪等有關能量的東西，也都能當作基準來幫助決定。

現在，芳香療法所圍繞的世界，已經有很多能從各種視角接觸或探討的機會。

本書主要根據西洋占星術與植物療法（藥草與精油）之間的關係，來看選擇精油的方式。在透過芳香療法的介入與他人交流時，也可能會得到以前從沒有過的觀點或視角。

西洋占星術到現在，確實還是占卜中的一環，可能還是有點可疑。但在古代，占星術是一個可以幫助了解現狀並預測未來的技術，也被用於醫學上。

從這一點看來，能利用這個技術當成一種手段，我認為是非常有意義的一件事。通過西洋占星術所看到的芳療世界，真的是非常豐富的。希望大家都能好好地感受一下這個世界。

EPILOGUE 結語

　　學習用多種視角去看待事物，我想在往後的世界會變得愈來愈重要。特別是在這個全球因為傳染疾病大流行，而不得不迎來時代轉捩點的現在，生活在其中的我們，所面臨的一切不僅愈來愈複雜，還得隨時置身在多樣且不確定的狀況中。

　　面對這種情況，若能學會更多不同的視角或不同的標準，也許就能當作一種以多元化角度看待事物，並掌握本質的有效嘗試。我想這一定可以在跨越這些困難的處境與複雜的狀況時，成為背後的一股助力。

　　因此，我非常懇切地希望，這本書對大家而言，能提供「不同的視角」，讓大家從多個角度看待問題。

　　最後，我要向所有熱情參與此書的占星界朋友們，還有我的學生們致上最深的謝意。還有這本書的編輯 BAB JAPAN 的福元美月小姐，感謝妳總是給我最強力的支持與鼓勵。今天就讓我以這個感謝之情，為本書留下最後一筆。

2021 年 3 月底
木星與土星通過水瓶座的時期。

登石麻恭子

參考資料

【行星／星座／宮位　精油一覽】

行星與精油

行星	精油
月亮	快樂鼠尾草、檸檬、茉莉、萊姆、香蜂草、羅馬洋甘菊
水星	薰衣草、檸檬香茅、歐薄荷、甜馬鬱蘭、快樂鼠尾草、甜茴香、肉桂
金星	天竺葵、伊蘭、玫瑰、香桃木、西洋蓍草、玫瑰草、百里香、松紅梅
太陽	迷迭香、廣藿香、乳香、羅馬洋甘菊、甜橙、佛手柑、葡萄柚、苦橙葉、茶樹、安息香、橙花、橘子、花梨木、沒藥、肉桂、柚子
火星	歐洲赤松、黑胡椒、薑、羅勒
木星	杜松莓、甜橙、葡萄柚、香蜂草、沒藥、茉莉、膠冷杉、羅文莎葉
土星	雪松、尤加利、絲柏、岩蘭草、檀香、黑雲杉
天王星	萊姆、苦橙葉、檸檬
海王星	檀香、沒藥、歐洲赤松
冥王星	絲柏、岩蘭草、雪松、廣藿香

♌ 星座與精油 ♍

星座	精油
牡羊座	迷迭香、甜馬鬱蘭、黑胡椒
金牛座	廣藿香、快樂鼠尾草、玫瑰
雙子座	歐薄荷、檸檬香茅、安息香
巨蟹座	羅馬洋甘菊、橘子、檸檬、肉桂
獅子座	乳香、伊蘭、甜橙、香蜂草
處女座	薰衣草、甜茴香、快樂鼠尾草、香桃木
天秤座	天竺葵、羅文莎葉、尤加利、杜松莓
天蠍座	檀香、歐洲赤松、西洋蓍草、黑胡椒
射手座	杜松莓、佛手柑、葡萄柚、山雞椒
摩羯座	茶樹、岩蘭草、薑、柚子
水瓶座	橙花、尤加利、萊姆
雙魚座	茉莉、沒藥、玫瑰草、花梨木

♌ 宮位與精油 ♍

宮位	精油
第一宮	乳香、萊姆、百里香
第二宮	安息香、橘子、廣藿香
第三宮	檸檬、苦橙葉、香桃木
第四宮	岩蘭草、檀香、沒藥
第五宮	山雞椒、歐薄荷、玫瑰
第六宮	薰衣草、杜松、玫瑰草
第七宮	苦橙葉、天竺葵、歐薄荷
第八宮	絲柏、伊蘭、歐洲赤松
第九宮	膠冷杉、葡萄柚、羅文莎葉
第十宮	雪松、茶樹、沒藥
第十一宮	苦橙葉、天竺葵、葡萄柚
第十二宮	甜馬鬱蘭、快樂鼠尾草、檀香

國家圖書館出版品預行編目(CIP)資料

精油占星新手指南：從星盤深度解讀你的一生，搭配精油芳療恢復身心
健康，突破人生困境！／登石麻恭子著；陳佩玉譯. -- 初版. -- 新北市：
大樹林出版社，2023.07
　面；　公分.--（自然生活；59）
ISBN 978-626-97115-3-6（平裝）

1.CST：占星術　2.CST：芳香療法　3.CST：香精油

292.22　　　　　　　　　　　　　　　　　112006416

大樹林學院

www.gwclass.com

自然生活 59

精油占星新手指南

：從星盤深度解讀你的一生，搭配精油芳療恢復身心健康，突破人生困境！

作　　者／登石麻恭子
翻　　譯／陳佩玉
審　　定／安德魯
總 編 輯／彭文富
編　　輯／王偉婷
排　　版／菩薩蠻數位文化有限公司
封面設計／FE設計
出 版 者／大樹林出版社
營業地址／235新北市中和區中山路二段530號6樓之1
通訊地址／235新北市中和區中正路872號6樓之2
電　　話／(02) 2222-7270　　傳　　真／(02) 2222-1270
官　　網／www.gwclass.com
E - m a i l／notime.chung@msa.hinet.net
Facebook／www.facebook.com/bigtreebook
總 經 銷／知遠文化事業有限公司
地　　址／222深坑區北深路三段155巷25號5樓
電　　話／02-2664-8800　　傳　　真／02-2664-8801
初　　版／2023年7月

HOSHI NO AROMATHERAPY SEIYO SENSEIJUTSU TO AROMA RYOHO
Copyright © Akiko Toishi 2021
Chinese translation rights in complex characters arranged with BAB JAPAN CO., LTD.
Through Japan UNI Agency, Inc., Tokyo and Keio Cultural Enterprise Co.,Ltd

定價／450元・港幣150元　　ISBN／978-626-97115-3-6

大樹林出版社─官網

大樹林学苑─微信

課程與商品諮詢

大樹林學院 ─ LINE